Heibonsha Library

怠惰への讃歌

In Praise of Idleness

ラリー

Heibonsha Library

怠惰への讃歌

In Praise of Idleness

バートランド・ラッセル著
堀秀彦・柿村峻訳

平凡社

本著作は、Bertrand Russell, *In Praise of Idleness*, 1935 の翻訳として、
一九五八年、角川文庫より刊行されたものである。

序

　この書物におさめているエッセイは、色々な政治思想がぶっつかり合う場合には、とかく無視されがちな面にふれているものである。即ちこの書物は、思想の世界をあまり組織化したり、あまり緊張して行動すると起る危険をはっきりさせようとしている。なぜ私は共産主義やファシズムのどちらにも味方しないか、どの点において、この二つのものに共通していることがらと違った意見を持つのか、その理由を説明しようとしている。またこの書物は、知識は、直接に実利があるからばかりでなく、広くものを思索する心性を促《うなが》すから、大切であると主張しようとしている。そしてこの理由から、今日、「無用」だときめている多くの知識が、役に立つことがわかって来るのである。そういうわけで、建築と色々な社会問題、もっとくわしくいうと、幼児の幸福や女性の地位との関係が含まれている。

　この書は、政治問題から遥かに遠ざかっているので、西欧文明の特質や人類が昆虫から征服されそうだという形勢を論じた後、霊魂の本質を論議することで終っている。これらの様々なエッセイが一冊の本にまとまっているのは、一貫した主題のためであるが、それは次のようなことである。即ち世界は偏狭《へんきょう》と頑冥《がんめい》になやまされ、激しい行為なら、方向が間違っていても、称讃される値打があるという信念のために苦しめられているということであり、このことから考えると、私たちの非常に複雑な近代社会で必要なのは、いつも独断論を疑う心がけを失わず、非常にかけ離れた見解を公平にとりあつかう自由な心のゆとりをもつ落着いた思索だということである。

このほか、この書のエッセイのうちの或るものは、新しく書き下したものであるが、それ以外のものは、すでに雑誌に掲載されたことがあり、今改めて、編集者の懇篤な許しを得て、ここに再版したのである。「怠惰への讃歌」及び「現代版マイダス王」は、ハーパース・マガジン（Harper's Magazine）にのせ、「ファシズム由来」（題は違っているが）は、イギリスのザ・ポリティカル・クォータリ（The Political Quarterly）及びアメリカのザ・アトランティック・マンスリー（The Atlantic Monthly）に出した。「シラとカリブデス（Scylla and Charybdis 前門の虎、後門の狼）、或いは共産主義とファシズム」は、ザ・モダーン・マンスリー（The Modern Monthly）にのせ、「一本調子の現代」は、ニューヨークのザ・アウトルック（The Outlook 今の The New Outlook）にのせた。「教育と訓練」は、ザ・ニュト・ステーツマン・アンド・ネーション（The New Statesman and Nation）で公けにした。

私はまた多くの問題を提議したり、論議したりする際、ペーター・スペンスの助力を受けたことを感謝しなければならない。

目次

第一章　怠惰への讃歌

（一九三二年筆）

私と同じ世代の人々があらましそうであったように、私もまた「何もしないでなまけているものには、悪魔は、何かいたずらでも見つけて来てさせる」（宗教詩人Isaac Watts 一六七四―一七四八の句。Moral songs for children にある）という格言に則《のっと》って、いつも何かしているようにしつけられて来た。私は非常に善良な子供だったので、いわれたことは何でも信じ、一つの良心の持主となった。その良心のおかげで、私は現在まで一生けんめいに働きつづけて来た。だが、私の良心は、私の行為を支配しているけれども、私の考えはすっかり変っている。私の考えることは、一体、あまり多く仕事をしすぎた、仕事はよいものだという信念が、恐ろしく多くの害をひきおこしている、現代の産業国家で教えさとす必要のあることは、今までいつも説教されて来たことと丸切り違うものだ、というのである。あのナポリの旅行者の話を知らぬものはあるまい（ムッソリニの時代となる前の話だ）。その旅行者は、日なたぼっこをしている十二人の乞食《こじき》を認め、その中で最もなまけものに一リラをやろうといい出した。十一人の乞食がそれを得ようと飛上ったので、彼はじっとしている十二人目のものに与えた。この旅行者のやったことは、正しい。しかし地中海の陽光のめぐみを受けていない寒い国々では、何もせず怠惰でいることは、はるかにむつかしいので、怠惰を始めるには、大じかけな大衆的宣伝が必要になるだろう。キリスト教青年会の指導者諸君は、以下のページを読まれた後は、善良な青年たちを何もしないように導く運動を始めて下さることを希望する。もしそうなれば、私としては生甲斐があったことになろう。

怠惰不精をいいものだとする私自身の議論を進める前に、私がどうしても承認することができない議論をかたづけておかねばならない。暮していくには、事かかぬものをすでに持っている人が、学校教師とかタイピストとかというようなありふれた職業につきたいと申しこむと、いつもかような行為は、他の人の生計の途をもぎとることになるので、悪いことだと説教される。もしかような議論が正しいとするなら、すべて私たちの誰もが失職しないようにするには、私たちがなまけものであることだけが必要となるだろう。こんなことをいう人たちは、人はかせいだものを消費しているのであり、消費して、他人に職を与えているということを忘れているのである。収入を消費している限り、人々の口から奪いとるパンと同量のパンを再び人々の口に投げこんでいる。この考え方からすると、本当の悪人は、貯蓄するひとである。その人が、かの有名なフランスの農夫のように、貯金をストッキングにしまいこんでいるだけなら、その貯金は、仕事を生み出さないことはいうまでもない。もし貯金を投資するなら、こういう事態はそうはっきりせず、違った局面が起る。

貯金を処理する最もありふれた方法の一つには、それを或る政府に貸すことがある。一流文明国の政府の公けの出費は、大部分、過去の戦争に対する支払と未来の戦争の準備のためだという事実を考えあわせると、自分の金銭を政府に貸す人は、シェイクスピア劇に出て来る、殺人者をやとった悪漢と同じ立場である。その人の経済的習慣の本当の結果は、自分の貯金を貸した国家の武力を増すことになる。すると、いうまでもないことだが、その人は、金をつかった方が、たとい酒を飲んだり、博奕《ばくち》をしたりしても、ましであろう。

だが貯金を産業的な企業に投資する場合は、事情は前と全く違うと私に注意してくれる人が出て来るだろう。かような企業が成功し、何か役に立つものを生産する場合には、その通りかもしれない。しかし今日の時代では、大多数の企業が見込み違いになることを認めないものはないだろう。それはこういう意味である。もともと何か、私たちを喜ばしてくれるものの生産に集中しようと思えば、そうされた多量の人間の労働力を、生産されたあかつきには、何の役にも立たず、誰のためにもならない機械の生産のために費されていたことをいうのである。それ故、破産する事業に自分の貯金を投資する人は、自分自身を傷つけるばかりでなく、他人を傷つけている。もしその人が、友人のためにパーティーをひらくことに金をつかうなら、友人たちは喜ぶだろうし（見込みのないことではない）、また肉屋や菓子屋及び酒類密売者のような、彼が金をつかった人々も喜ぶだろう。しかしいうなれば、その人が路面電車がいらなくなって来る或る場所に、路面電車用のレールをひくために金をつかうなら、多量の労働を誰にも喜びを与えない方面に、転用してしまっている。それだのに、その人が投資の失敗で貧乏になると、あまりにもひどい不運の犠牲者だと同情的にみられるのに反し、自分の金を博愛的にばらまいて費消した愉快な浪費者は、馬鹿だとかおっちょこちょいなどといわれて軽蔑される。

今までに述べたこういうことはすべて、前置きに過ぎない。私が本当に腹からいいたいことは、仕事そのものは立派なものだという信念が、多くの害悪をこの世にもたらしているということと、幸福と繁栄に到る道は、組織的に仕事を減らしていくにあるということである。

さてまず、仕事とは何であるか。仕事には二種類ある。第一は、地球の表面上、またはその近くにある物体の他のかような物体に対する位置を相対的に変えることであり、第二には、他の人々にかようなことをするように命ずることである。第一種の仕事は、快的なものでもなく、受ける報酬もよくないが、第二種の仕事は、快的であり、払われる報酬も高い。第二種の仕事の範囲は、限りなく拡げることができる。即ち命令を出す人々がいるばかりでなく、どんな命令を出すべきか勧告する人々もいる。普通には、二つの正反対の性質の勧告が、同時に二つの組織された人々の集団から出される。これが政治といわれるものである。この種の仕事に必要な技術は、勧告する問題に関する知識ではなくて、納得させるような話し方及び文章を書く技術、即ち広告技術に関する知識である。

アメリカではないけれど、ヨーロッパを通じて、勤労者のどの階級よりも尊敬されている第三の階級の人々がある。土地を所有しているから、他の人々に、居住し働くことが許される権利を与える代りに、その代価を支払わせることができる人々がいる。この地主たちは、怠惰で、仕事をしないから、私は彼らを礼讃するとでも思われるかもしれない。しかし不幸にも、彼らが怠惰でおれるのは、全く他人の勤労のおかげである。実際、歴史的にみると彼らの快的な怠惰を熱望する心がもととなって、そこから勤労に関するすべての福音が生れている。だから、彼らは、他の人々が自分たちの例に従うことは、もっとも望んでいないのである。

文明が起ってから産業革命まで、人というものは、原則として、一生けんめいに働いたとて、またその妻は、少くとも夫と同じようにはげしく働き、その子供も働ける年頃になるとすぐ、働いて加勢したけれど、自分と家族が生きていくのに必要なものを上まわる物資を生産することが殆んどできなかった。しかも単なる生活必需品を僅かに超過した部分は、それを生産した人々にゆだねられず、戦士と僧侶がこれを管理した。それだから飢饉の時は、余剰物資は、全く生産者の手もとになく、戦士と僧侶は、相かわらずふだんと同量の物資を確保していたので、多くの労働者は餓死する結果となった。この制度は、ロシアでは、一九一七年まで続いていたし（その時から、共産党員が、戦士と僧侶の特権をうけついだ）、東洋でも、今なお続いている。イギリスでは、産業革命があったにもかかわらず、ナポレオン戦争の間を通じ、百年前、工場主という新しい階級が勢力を得るまで、その制度は衰えも見せず残っていた。アメリカをみると、この制度は、独立戦争で終りを告げたが、南部は別である。ここでは、南北戦争の内乱まで続いていた。かように永く続き、ごく最近に終ったこの一つの制度は、人々の思想や意見に深刻な影響をもたらした。勤労が望ましいものだということを確かに証明していると思う多くのことがらは、この制度から生れたのであるが、産業革命前のものだから、近代社会にはあてはまらない。近代の技術によって、或る限度内のひまは、少数の特権階級の特権でなくて、社会全体を通じて、公平に分配される権利となることができるようになった。勤労の道徳は、奴隷の道徳であるが、近代世界は、奴隷を必要としない。

いうまでもないことだが、未開社会では、農夫たちは勝手にさせておくと、戦士や僧侶の生活の資となる貧弱な余剰物資を手離そうとしなかっただろう。そうでなければ、生産を少くするか、消費を多くするようになっただろう。そこで最初は、力ずくで、農民たちに余剰物資を生産し、それを手離すようにしむけた。だが次第に、彼らの多くのものを導いて、一つの道徳を認めさせることができることがわかって来た。その道徳というのは、農民たちの勤労の一部が、何もしないでいる他の人々の生活を支えることになるけれど、彼らとしては、精いっぱいに働くことが義務であると思わせるものである。この方法で、必要とする強制の量は減り、統制に要する費用も少くなった。今日では、イギリスの賃銀労働者の九十九パーセントに当るものは、即ち殆んど全部は、かりに国王が労働者より多い収入を得てはならぬといい出したなら、本当に驚くだろう。歴史的にいうなら、義務の観念は、権力の保持者が、他の人々に自分たちのためにというより、その主人の利益に仕えるために生きていくようにしむける手段である。勿論、権利の保持者は、以上の事実を自分自身にも気がつかぬように隠している。そのためには、自分たちの利益は、人類の大きな利益と一致するということをどうにかして信じこむようにしている。もっとも、この事がほんとうであることは、しばしば見受けられる。例えば、アテネの奴隷所有者は、自分たちの閑暇《ひま》の一部をつかって、文明に対し、正しい経済制度ではできそうもない不滅な貢献をした。ひまこそ文明にとってなくてはならぬものであり、昔は、少数のもののひまは、ただ多くのものの労働によって出来上っていた。だが彼らの労働が価値があるのは、勤労がよいからでなく、ひまがよいものであるからであった。そして近代の技術を以てすれば、文明を傷つけることなしに、ひまを公平に分配することも出来そうなものである。

近代の技術は、すべての人々のために、生活必需品を確保するのに必要な労働量を甚だしく減らすことができるようにした。このことは、戦争中にはっきりわかって来た。戦時には、軍隊を編成するあらゆる男子、軍需品生産に従事するあらゆる男女、スパイ活動、戦争宣伝、或いは戦争に関係ある政府の職務に従事するあらゆる男女は、すべて生産的な業務から引きぬかれたのである。こういう事実があったのにもかかわらず、連合国側の未熟練賃銀労働者の健康状態はよくて、その一般的水準は、戦前戦後よりも高かった。この事実の意味は、財政のやりくりでわからなくされていた。即ち借金すると、あたかも事実は、未来が現在を養っているかのように見えてくるからである。だが勿論こういうことは、あり得ないだろう。誰しもまだありもしない一塊のパンを食べることはできないからである。要するに、戦争は、生産を科学的に組織すると、現代世界の労働能力をずっと減らしても、それで現代の民衆に十分楽な生活を送らせることができることを証明したのである。それでもし戦争が終った際、人々を戦闘や軍需品製造にふりむけるために創《はじ》められた科学的な組織を持ち続け、労働時間を四時間に切り下げてしまったなら、誰もが好都合になっただろう。だが、そうならないで昔の混乱が再び起り、働く義務のある人間は、永い時間働くようにされ、残りの人は、失業者として飢えるままにほっておかれた。これはどうしたわけであるか。それは、勤労が義務であり、人というものは、自分で生産したものに比例して賃銀を貰うべきでなく、自分の勤勉によって具体化されるような徳性に比例して賃銀を貰うことになっているからだ。

これこそ奴隷国家の道徳である。しかもそれが起った事情と全く違った事情にあてはめようとしている。確かにその結果はみじめなものであった。一例をあげてみよう。或る時、何人かの人が、ピンの製造に従事しているとする。彼らは、かりに一日に八時間あて働いて、世間で必要とする数だけのピンを作っている。ところが、或る人が同じ人数で、前の二倍の数のピンを作ることができる方法を発明するとする。だが二倍の数のピンを必要とする世の中ではない。即ちピンの値段はすでに非常に安くなっているので、これ以下の値段では、もう一つも売れなくなっている。こうなると、分別のある世界でなら、ピンの製造にたずさわる人々は、誰でも八時間労働をやめて、四時間働くことにするので、その外のすべてのことは、万事前と変らないだろう。だが実際の世界では、このやり方は、ふしだらと考えるだろう。それで、人々はやはり八時間働き、出来たピンは多すぎ、経営主のうちには破産するものがあり、前にピン製造に従事していたうち半分のものは、仕事にあぶれる。結局、さきの四時間労働計画による場合と全く同じひまが出来るのだが、違う点は、半数の人々が相変らず働きすぎているのに、別の半数の人々は、全くぶらぶらしている。こういうふうでは、どうしても起って来るひまは、ひろく幸福をうみ出す源とならないで、到るところで不幸を起すことに必ずなる。これより気狂じみたことが、外に何か考えられようか。

貧乏人にもひまを与えるべきであるという考えには、いつも金持はぞっとしていた。イギリスでは、十九世紀の初期をみると、十五時間が、ひとりの人間の平日の労働時間であった。子供でも時々同じ時間働いたが、一日に十二時間労働がごく当り前のところであった。世話ずきのおせっかいが、どうもこんな時間は長すぎるようだと言い出したら、仕事のおかげで、大人は酒を飲まなくなるし、子供は悪戯《いたずら》をしなくなるのだといって反対された。私の少年時代のことだが、都会の労働者たちが選挙権を得た直後、公休日が法律で制定され、上流階級の非常な怒りをかったことがあった。或る老公爵夫人が「貧乏人たちは、休日でどうしようとするつもりだろう。その人たちは働くべきだ」というのを聞いたことを想い出す。今の人々はそうはっきりいわないが、これと同じ感情が残っており、多くの私たち現代の経済混乱の源となっている。

しばらく、仕事の倫理を、率直に迷信を交えず考えてみよう。ひとは誰でも必ず一生涯中、人間の労働の生産したものを或る量だけ費消している。ところで、労働は大体において、好ましくないものだと考えることができるが、まあそう仮定すると、自分が生産するより多く消費するのは、正しいことではない。勿論、品物よりむしろ何か奉仕を提供することができる。例えば、医者のようにである。しかし食と住を得る返しとして、何かを提供すべきである。この程度だけ、働く義務を認めなければならない。ただしこの程度だけである。

ソヴィエット社会主義共和国連邦以外のすべての社会で、多くの人々、殊に金銭を相続したり、金銭目当ての結婚をしたすべての人々が、以上述べた最少限の労働をも避ける事実をくどくどしくいわないことにする。これらの人が仕事をせずぶらぶらすることを許しているのは、賃銀労働者が、働き過ぎたり、或いは飢えるようにしむけられる事実が有害であるのと殆んど同様に有害であるとは私は思わない。

普通の賃銀労働者が、一日四時間働いたなら、すべての人に満足を与え、失業者もないだろう。――これには、或る極めて適当な分量の気のきいた組織があると仮定しての話であるが。この思いつきは、裕福な人たちをびっくりさせることだろう。なぜかというと、彼らは、そんなに沢山のひまを利用する方法を貧乏人は知るまいと思いこんでいるからである。アメリカでは、暮し向きがもうすでによくなっていても、長い時間働く人が多い。こんな連中は、失業の冷酷な罰としてではなくて、賃銀労働者にひまを与えるという考えをきけば、怒ってしまう。実際、彼らは、自分のむすこにでもひまが出来ることを嫌う。真に奇妙なことだが、彼らは、自分のむすこたちが教養をつむ時間もないほど、精いっぱい働くことを望んでいながら、妻や娘が全く仕事を持たないことは、何とも思っていない。何の役にも立たないことを気どって讃美することは、貴族社会では、男女両性に及んでいるが、富豪階級では、女性に限ってすることだ。しかしこのことのために、無用を讃美することが、もはや常識に合わなくなってしまう。

ひまをうまく使うということは、文明と教育の結果出来るものだといわなければならない。生涯、長い時間働いて来た人は、突然することがなくなると、うんざりするだろう。だが相当のひまの時間がないと、人生の最もすばらしいものと縁がなくなることが多い。多くの人々が、このすばらしいものを奪われている理由は、ひまがないという以外に何もない。馬鹿げた禁欲主義、それはふつう犠牲的のものであるが、ただそれに動かされて、そう極端に働く必要がもうなくなった今日でも、過度に働く必要のあることを私たちは相かわらず主張し続けている。

　ロシアの政治を支配する新しい信条をみると、西欧の伝統的な教説と甚だ違っているものも多いけれど、全く変っていないものもいくらかある。支配階級の態度、特に教化的な宣伝を掌《つかさど》る人々の態度は、労働が神聖であるという問題については、かねて世の支配階級が「正直な貧乏人」と呼ばれているものに向って説いているのと全く同じである。勤勉、節制、遠い将来の利益のために長時間労働する意欲及び権力に屈伏することすら、再び現われている。それればかりでなく、権力はやはり宇宙の支配者の意志を代表している。しかしその支配者は、今や弁証法的唯物論という新しい名で呼ばれている。

　ロシアにみうけるプロレタリアの勝利は、或る点では、どこか他の国にみられる女権拡《フェミ》張論者《ニスト》の勝利と共通している。何年間も、男性は女性の優れた徳性を認め、有徳は力よりも望ましいものだと主張して、女性が下位にあるからといって失望しないように、女性を慰めて来た。しかしとうとうフェミニストは、徳と力の両方を手に入れようと決心した。というのは、フェミニストの先駆者は、男性が徳の望ましいことについて語ってくれたことは信じたが、男性が政治的権力はつまらないものだということについて語ってくれたことは信じなかったからだ。同様のことが、ロシアで、その筋肉労働について起った。何年間も、富豪やその追従者は、「偽らざる労苦」を礼讃した文を書き、簡素な生活を礼讃し、貧しいものは富めるものより天国に入り易いと教える宗教を奉ずると公言し、広く一般には、空間における物体の位置を変える労働には、何か特に貴重なものがあると、筋肉労働をする人たちに信じさせようとした。これは、女性がその性的に隷属する状態から、何か特に貴重なものを得ているとするこのすべての教えは、真面目に受けとっていたので、筋肉労働者は、誰よりも尊敬される結果となった。根本においては、宗教心振興論者《リバイバリスト》の訴えに外ならないものが唱えられたが、しかしそれは昔の古い目的のためではない。特別な仕事に立ち向う突撃的労働者を確保するために唱えられた。筋肉労働は、青年たちの前に掲げられた理想であり、あらゆる倫理的な教えの生れる基である。

今のところ、恐らく以上のことは、ものになりそうである。天然資源の豊かな大国は、開発をいそがないので、借金等は殆んどしないで開発すべきである。こういう事情では、ひどい労働、精いっぱい働くことが必要であり、大きな報酬をもたらしやすいが、誰もが長時間働かずに愉快にやっていける時期が来たら、どういうことが起ろうか。

西欧では、この問題を扱うのに、色々な方法がある。私たちは、経済的に公平にしようと企てない。それで生産物をひっくるめてみると、その大部分は、極く少数の人々の肩にかかってしまうので、その多くの人々は全く働かない。生産を中央で支配することがないため、必要のない沢山のものを生産する。私たちは労働人口の大部分を手すきにしておく。というのは、他の人々を過度に働かせるので、その人たちの労働なしにすますことができるからである。以上のすべての方法が都合よくないとなると、戦争する。即ち私たちは、一部の人々に高性能の爆薬を造らせ、他の人々にそれを爆発させる。その時の私たちのありさまは、花火を知ったばかりの子供そっくりである。かようなすべての工夫をとりまぜて、非常にむつかしいが、やっとのことで、ひどい筋肉労働をたくさんすることが常人の運命である、という考えのすたらぬようにしている。

ロシアでは、経済的な公正がすすみ、生産に対する中央の支配が強いから、この問題は、どうしても西欧と違ったふうに解決されることになるだろう。合理的な解決は、生活必需品や生活に慰安をもたらす基本的なものが、誰にでも十分に供給されるようになるや否や、労働時間を次第に減じていくことになろう。その途中の各段階で、ひまをよけいにするか、もっと多く品物をつくる方にするか、民衆が投票で決定する権利は認めておくのである。しかし精いっぱい働くことが、最高の道徳であると教えこんであるので、当局がひまが多くて働くことがまれである天国をめざすことができるようになるとは、どうしても考えられない。その理由を見出すことが困難である。それよりもむしろ当局は、現在のひまを犠牲にして将来の生産力を盛んにする新しい計画をつぎからつぎに発見する見込みの方が強いようである。私は最近、ロシアの技師の提唱した巧妙な計画について読んだ。それは、カラ海（北極洋の一部、Novaya Zembla, Vaygach島、およびシベリヤ海岸でかこまれている）をダムでくぎって、白海やシベリア北岸を暖かくするというのである。これはすばらしいが、プロレタリアが安楽になるのを一時代おくらせるもくろみである。その期間、高貴な苦難が、北極洋の氷原と吹雪《ふぶき》のただなかに展開するのである。こういうことが、もし起るなら、これは精いっぱい働くべきだという道徳を、そう働くことがもういらなくなる事態をもたらす方法というより、むしろ目的自体とみなした結果であろう。

物体をあちこち動かすことは、或る程度のものであれば、私たちの生存に必要ではあるが、決して人生の目的の中にはいらない。もしそうなら、どの土工も、シェイクスピアより優れているとみなさなければならなくなろう。このことで、私たちが欺かれているのは、二つの原因のためである。その一つの原因は、貧乏人に不満を起こさせないという必要であって、そのため金持は、数千年間、労働の尊厳を説くようになったが、そういいながら、金持自身は、この労働の点で、尊厳にあずからない様子でとどまっていようと気を配って来た。第二の原因は、これは新しいことだが、機械制度が気にいったことである。このおかげで私たちが地表に起こすことができる限りのすごく器用な変化を楽しむようになる。しかしこの二つの動機は、いずれも実際の労働者の心に強く訴えるものではない。かりにあなたが、その労働者に何を人生最上のものと考えるかとたずねるなら、彼は次のようにいいそうもない。「私は、筋肉労働を楽しんでやっている。というのは、それをしていると、人間の最も貴い使命を果していると思うようになるからであり、また人間はその住む地球をどれほど多く変化することができるものであるかと考えるのが好きだからである。事実、私の身体には、いこいの期間が必要である。そしてこれをできるだけ有意義にうずめなければならない。しかし朝が来て、私に満足を与えてくれる労役に戻ることができる時ほど、幸福なことはない」。私は労働者たちがこういうようなことをいうのを聞いたことはないのである。彼らは、働くことを、当然そう考えられなければならぬように、生計をたてる方便と考え、自分たちが楽しめる幸福は何でもすべてひまな時間から作り出すと考えている。

さて少しばかりのひまはいい気持だが、二十四時間のうち四時間だけ働くとしたら、一日をどうしてうめるか、わからなくなるだろうといわれることもあろう。このいい分が、現代社会にあてはまる限り、それは、私たちの文明に罪がある証拠となる。だが、昔はこういうことは、実際なかったらしい。昔はのんびり愉快になったり遊んだりする能力があったが、これは実効を尊重するためにいくらか抑えられて来た。現代人は、何事も何か外の目的のためになすべきで、それ自体のためになすべきでないと考えている。例えば真面目な人は、いつも映画を見にいく習慣を有害だと非難し、その結果、青年は罪に陥ると私たちに説いてやめない。だが映画製作に関するあらゆる仕事は立派なものである。というのは、それは仕事であり、金を儲けさせるからである。利益をもたらす活動が、望ましいものだという考えこそあらゆるものをメチャクチャにしてしまう。あなたに肉を供給する肉屋や、パンを供給するパン屋が殊勝だというのは、彼らが金を儲けているからである。だがあなたが、彼らの供給する食物に舌鼓をうっている場合、ただ仕事をする精力を得るためにたべるのでなければ、あなたは全くくだらない人間に終る。大きくいえば、金銭を儲けることは善事で、金銭を費すことは悪事だとされている。だが金を儲けるのもつかうのも共に一つの取引の両面であると悟ると、こういういい方は間違いである。鍵はいいが、鍵穴はわるいともいえるだろう。物資を生産する功徳はどんなものでも、全くその物資を消費して得られる利益から生れて来るものに違いない。私たちの社会では、個人は利益を求めて働くのだが、彼の仕事の社会に於ける意義は、彼が生産したものを消費する点にある。生産の個人的にみた目的と社会的にみた目的がこのようにかけ離れていることこそ、利益をあげることが、勤労の動機となっている社会では、人々が物事をはっきり考えることをむつかしくしている。私たちは生産をあまりに重んじすぎるし、消費をあまりに軽んじすぎる。その結果の一つとして、享楽や純粋な幸福には、あまり注意を払わなすぎるようになるし、また生産を、消費者が生産より受ける快楽によって批判しなくなる。

私が、働く時間は四時間に短縮すべきだといい出す場合は、何も残りのすべての時間を必ずしも全くつまらないことで過さなければならないというつもりではない。私の考える意味は、一日四時間の労働で、生活の必需品と生活を快適にするものを得るには十分であり、残りの時間は、自分で適当と思えるように使える自分の時間とすべきだというのである。それで、教育を現在一般の状態よりも一層進歩させ、ひまを賢明に使わせる趣味を幾分か与えることを、教育が目指さなければならないのが、かような四時間労働という社会制度の一つの重要な使命である。この場合、私は、いわゆる「学識ある人(ハイブロー)」といわれるようなものを主として眼中においているのではない。

農夫のダンスは、辺鄙《へんぴ》な片田舎以外では姿を消してしまったが、このダンスを修めたいという気を起した衝動は、今なお人間の本性にあるに違いない。都会人の快楽は、おおむね受け身になった。即ち映画を見ること、フットボールの試合見物、ラジオの聴取等がみなそうである。こうなったのは、都会人の積極的な精力《エネルギー》がすっかり仕事に吸いとられている事実の結果である。だがもし都会人にもっとひまな時間があるなら、自分で積極的な役割を演ずる快楽を昔のように味わえるであろう。

昔は、少人数の有閑階級と多人数の労働階級があった。その有閑階級は、社会的正義に全く根ざしていない利益を楽しんでいた。このためどうしてもこの階級は、気持が暴君的になり、同情心が乏しくなり、自分の階級の特権は、正当だと証明する理論を考え出すようになった。以上の事実のおかげで、この階級の優れた点は、大いに減っていった。だがこのひけ目があるにもかかわらず、有閑階級は、私たちが文明と呼ぶものの殆んど全部を与えてくれた。この階級は芸術をつちかい、科学を発見し、書物を書き、哲学を創め、社会関係を上品なものにした。圧迫されたものの解放でも、たいてい上流階級から始まった。有閑階級がなければ、人類は決して野蛮の状態から脱することはなかったであろう。

しかし義務心を持たないこの昔から代々続いた有閑階級のやり口は、非常に無駄が多い。この階級のメンバーは、誰も働くようには教えられておらず、階級全体としては、甚だ知的ではない。

この階級は、一人のダーウィンを生み出すかもしれないが、このダーウィンに対して、狐狩をしたり、密猟者を罰するより外に、知的なことを考えたことのない何万という地主紳士が向うを張らなければならなかった。現在では、大学がかつて有閑階級の偶然にまたは副産物として供給したものを、もっと組織的な方法で供給する所と考えられる。このことは、大変な進歩ではあるが、何か欠点も含んでいる。即ち大学生活は、一般の実生活と非常に違っているので、アカデミックな環境に生活している人々は、世間の男女が持つ偏見や問題にややもすると気づかないことが多い。それればかりでなく、大学に生活する人々が、自分たちの考えを発表する方法は、自分たちの意見から、本来なら大衆に及ぼすべき影響力を奪いとるようなものであることが普通である。また他の不利な点は、大学に於ける研究が組織的であり、したがって或るオリジナルな面の研究を考えている人々は、鋭さを欠くことが多いことである。だからアカデミックな研究所は、有用ではあるが、研究所外の人々は非常にいそがしくて、実利的でない研究ができない世の中では、文明の利益を守るには適当なものでない。誰も一日四時間以上働くことを強いられない世の中では、科学的な好奇心を持っている人々は誰でも、そのおもむくままになれるだろうし、あらゆる画家は、どんなにその画が優秀であろうとも、飢える心配なしに描くことができよう。若い作家は、不朽の傑作をかくのに必要な経済的独立を得る考えで、きわもの的、もうけ主義的な作品をでっちあげて、世人の注意を自分に引きつける心配もしなくてすむだろう。とにかくこんなことをしていると最後にその時が来た場合、傑作を愛好する気持も傑作をかく能力もなくしてしまうだろう。また自分の職業とする仕事で、経済とか政治の或る面に興味を持っている人々は、アカデミックな超然たる態度をとらないで、自分たちの思想を発展させることができるだろう。この態度があるからこそ、しばしば、大学の経済学者の研究が、実際のうらづけがないように思えるのである。医者には、医学の進歩を学ぶ時間があるだろうし、教師には、自分たちが若い時学んだが、その後どうみても真理でなくなったことをきまりきった方法で教えるために、腹立たしげにあせることもなくなるだろう。

何より有難いことは、すりへった神経、疲労、消化不良の代りに、人生の幸福と歓喜が生れるだろう。四時間の労働を強制することは、ひまを喜ばしいものにするにはちょうどいいが、疲労を生み出すには、もっと働かなければ足りない。それで、余暇が出来た時には、人々は疲れていないから、消極的で味気ないような享楽だけを要求することはあるまい。少くとも一パーセントの人々は、多分、職業につかわない時間を、公共的に意味のある研究に注ぎ込むだろうし、その人たちが生活していくのには、何もこの研究にたよっていないから、彼らの独創性は妨げられないだろうし、学界の長老が設けた基準に調子を合わせる必要もないだろう。しかしひまの効用が現われるのは、上に述べた例外的な場合だけではない。普通の男女も幸福な生活をする機会を持っているので、今までよりもっと人に親切になり、人を苦しめることも少くなり、また他人を疑いの目でみる傾向も減るだろう。戦争したがる気持はなくなってしまうだろう。それは、一つには、上に述べた理由のため、一つには、戦争はすべての人々にとって長い苛酷な労役をもたらすからである。気だてがいいことは、あらゆる徳性のうちで、世人が最も望んでいるものであるが、苦しい奮闘の生活の産物でない。近代の生産方法は、私たちに万端にわたって、安楽安全である可能性を与えた。だのにわざわざ私たちは、或る人々には過労を、他の人々には飢餓を与える道をとっている。これまで、私たちは機械が出来ない前と同じように、根かぎり働いて来ている。この点で私たちは今まで愚かであったが、永久にずっと愚かである道理はない。

第二章　「無用」の知識

フランシス・ベーコン（Francis Bacon 一五六一―一六二六。帰納法、経験哲学の創始者。自然科学的方法の集大成者として有名。主著は『ノーヴム・オルガヌム』『随想録』『知識の進歩』『自然史』。二三歳で議会にいり、エセックスの顧問となるが、彼が失脚すると、進んで彼を告訴して非難された。一六一七年掌璽大臣、一八年、大法官となる。その後二年にして収賄罪で公権を奪われた）は、友人を裏切ったことで評判になった人だが、彼は確かに経験の生んだ一つの立派な教訓として、「知識は力なり」と主張した。だがこのことはすべての知識にはあてはまらない。サー・トマス・ブラウン（Sir Thomas Browne 一六〇五―一六八二。医師、博学で有名、主著『医師の宗教』『壺葬論』）は、女神サイレンがどんな歌をうたうか知りたいと思ったが、もし彼がこれを確かめていたなら、市長の地位から州の執行官の位置に登ることはできないことになったであろう。ベーコンが考えていた知識は、私たちが科学的知識と呼ぶものであった。彼は科学の重要なことを強調して、遅ればせながら、アラビア人や中世初期の伝統をうけついでいたのである。その伝統によると、知識は主に、どれも科学のわかれである占星術、錬金術、及び薬物学で成り立っていた。学者といわれるものは、以上の学問に通じ魔力を身につけたものであった。十一世紀の初期では、法王シルベスター二世は、誰からでも魔術家だと思われていた。その理由は、彼が書物を読んだということ以外に何もない。プロスペロ（Prospero『テンペスト』の中の魔法にたけたミラノの公爵）は、シェイクスピア時代のとりとめない空想の産物であるが、少くともその魔術の力が関係する限り、何世紀の間も広く認められて来た学者の概念であったものを現わしていた。ベーコンが——私たちに今わかっているように、正しくも——信じていたのは、昔の魔法使が夢想していた魔法使の杖のどれよりも有力な杖を、科学がもたらすことができるというのである。

　ルネサンスは、イギリスをみると、ベーコンの時代に最高に達したのであるが、これによって知識に関する功利的概念に対する反抗が起らざるを得なかった。ギリシア人は、私たちが演芸館《ミュージックホール》の歌に親しんでいるように、ホーマーに親しんでいた。というのは、彼らはホーマーを楽しんでいたからである。しかも学問研究に従っているという気持なしに楽しんでいたからである。だが十六世紀の人々は、まず相当深く言語学上の造詣を積まなくては、ホーマーの理解にとりかかることはできなかった。彼らは、ギリシア人を尊敬していたから、ギリシア人の喜びとするものから閉め出されることをいやがっていた。それでギリシア人のまねをして、ギリシア人の読む古典をよみ、また他のそうはっきり公言されない方面でもギリシア人そっくりのことをした。ルネサンス期では、学問することは、酒を飲んだり、女を口説《くど》いたりすると同様に、生の歓喜の一端をなすものであった。そしてこういうことは、文学についていえるばかりでなく、もっとかたい研究についてもあてはまった。誰でも知っているのは、ホッブスがはじめてユークリッドを知った時の話だ。彼が偶然に、その書物のピタゴラスの定理の所をあけると、「絶対にこんなことはあり得ない」と叫んだが、証明をさかのぼって読んでゆき、遂に公理の所に行きつくと納得したというのである。この時は、彼にとって、幾何学は、畑を測量するのに役立つという実際的な考えに汚されない極めて大切な時期であったことは、疑う余地はない。

ルネサンスによって、古代語が神学に関する方面で実際に役に立つことがわかったのは事実である。古典ラテン語に対する気持を新しくしたため起った結果で最も早く現われたものの一つは、コンスタンチヌス帝の偽作の教書や寄進を信じなくなったことであった。ラテン語訳聖書やギリシア語訳聖書に不正確な点が発見されたために、ギリシア語やヘブライ語に通ずることが、新教の神学者が議論するのに必要な素養となった。ギリシアやローマの共和主義的な格言は、スチュアート家に対する清教徒の反抗や、法王への忠誠を捨ててしまった国王に対するジェスイット教徒の反抗が正しいことを証明するために引用された。だが、すべてこういうことは、ルーテル以前殆んど百年間、すでにイタリアでどんどん進行していた古典学復興の原因というより結果であった。ルネサンスの主な動機は、心の喜びであり、無智と迷信が心の眼を眼かくしの中に閉じこめている間に失われていた芸術や思索の、或る豊かさや自由を回復することであった。

ギリシア人は、明かに哲学、幾何学や天文学のような純粋に文学的芸術的でないものに、彼らの注意力を全部でないまでも注いでいたことがわかっている。したがってこれらの学問は立派なものであったが、他の科学はこれらより疑わしいものであった。実際、医学は、ヒポクラテスやガーレンの名で、堂々たるものとなっていたが、近世にいたる途中の期間では、殆んどアラビア人やユダヤ人のすることに限られていたから、魔術とからみあい、どうにもならなくなった。だからパラケルサス（Paracelsus 一四九三―一五四一年。バーゼル大学に学び、フライブルグ、シュトラスブルグで医学を教える。アラビア医学に反対し医学の改革を叫んだ）のような人々の評判もかんばしくない。化学は遥かに人気が悪く、十八世紀までは、殆んど敬意を払われなかった。

こうしてギリシア語やラテン語の知識は、幾何学や、おそらく天文学の生かじりの学問とともに、紳士たるものの知的なたしなみと考えられるようになった。ギリシア人は、幾何学を実地に応用することをさげすんでいたし、占星術の姿をしている天文学を利用することを発見したのは、彼らが衰えてきた時代に限っていた。十六世紀、十七世紀では、大体の話だが、数学をギリシア人らしく利害にとらわれずに学び、魔術と結びついて堕落した科学を無視する傾向があった。知識の概念が前よりもっと広く実際的なものに次第に移っていく変化は、十八世紀を通じて進んでいたが、突然その末期において、フランス革命と機械の発生によって強められた。前のフランス革命は、紳士的な教養に一つの打撃を与えたが、後の機械の発生は、紳士的でない技術を発揮する新しくてしかも驚くべき世界をひらいた。この百五十年間を通じて、次第に力強く「無用」の知識の価値を疑うようになって来たし、また持つだけの値打のある知識は、社会の経済生活のどの面かに適用されるものだと、いよいよ信ずるようになって来た。

伝統的な教育制度のあるフランスやイギリスのような国々では、知識を功利的にみる見解は、ほんの一部分に拡がっているにすぎなかった。例えば、大学には、中国の古典は読むが、近代中国を創造した孫逸仙の著書を知らない中国語の教授が今なおいる。また、文章が純粋である著者が書くものに限った古代史、換言すれば、ギリシアではアレキサンダー、ローマではネロに至る歴史は知っているが、もっと重要な後世の歴史は、それを述べる歴史家が文学的に劣っているから、知ろうとしない人々がいる。しかし、フランスでもイギリスでも、古い伝統は絶えていき、ロシアや合衆国のような近代的な国では、全くなくなっている。例えば、アメリカでは、教育委員会は、大多数の人が、商業通信文に使う語は、全部で千五百字を出てないことを指摘し、それに基いて、これ以外の語は一切、学校の課程から除くべきだと提唱している。基本英語は、イギリスの案出にかかるものだが、もっと進んで、どうしても必要だという語彙を八百語に減らしている。言葉は美的価値を持ち得るものだとする考え方は亡びていって、実際的な知識を伝えるのが、言語の唯一の目的だと考えるようになって来ている。ロシアでは、実用上の目的を追求することがアメリカよりも熱心である。というのは、教育機関で教えることは、教育や政治の面で、或るはっきりした目的を果そうとすることに限られているからである。しかしただ一つの例外は、神学にみられる。即ち、聖書は、誰かは固有のドイツ語で研究しなければならないし、少数の教授たちは、ブルジョア形而上学の批判から傷つけられないように唯物弁証法を守るために、哲学を勉強しなければならない。だが正統派の基礎がもっとしっかり定まると、このささやかな逃げ口も閉ざされるだろう。

どの方面をみても、知識は、それ自身だけで善いものとみられず、また一般的にいって、ひろくて情味豊かな人生観を生み出す方法としては考えられず、単なる技術の一要素とみなすようになって来ている。こういうことは、科学的技術や軍事上の必要がもたらした社会の大きな統合の一端のあらわれである。昔より今は、経済上または政治上の相互依存が強くなって来たので、社会的圧迫がふえたから、誰でも、その隣人に役に立っていると思われる方法で生活せざるを得ない。非常な金持のための学校や、伝統が古いために動かすことができないような学校（イギリスにおいて）は別として、すべての教育機関は、好き勝手に金をつかうことは許されないが、技術を授け、忠誠心を吹きこむことで有用な目的にかなったことをしていることを、国家に納得させなければならない。このことが、強制的な兵役、ボーイスカウト、政党の組織及び新聞を通じて政治的な情熱の伝播を引き起す結果となったその運動の重要な要素である。私たちは、なかまの市民を以前よりかえってよく知っており、私たちに道徳心があるなら、彼らのためになり、どんな場合でも、彼らも私たちのためになることもするようにさせたいという念願が前よりも強くなっている。誰であろうと、ぶらぶらして人生を享楽している人を想い浮べるのもいやである。その享楽の性質がどんなに品がいいものであろうともそうである。ひとはすべて、（何であろうと）偉大な事件を押し進めるために何か為すべきだと思う。多くの悪人がその事件を妨げる働きをしており、それを止めなければならないから一層そう思われる。したがって、どんなものにせよ、私たちが大切だと考えることを求めてたたかう助けとなるような知識でない知識は何によらず、獲得する心のゆとりは、私たちにはない。

教育に対してせまい功利的見解をするいいわけはたくさんある。大体、暮しをたて始めない内に、あらゆることを学ぶ時間はない。それで確かにいわゆる「有用」な知識が甚だ役に立つ。その知識が現代世界を作ったのである。それがなければ、機械も自動車も鉄道も飛行機もできていなかったはずだ。さらに近代の広告術や宣伝も生れないはずだということも、つけ加えておかなければならない。近代の知識は、おしなべて健康を著しく増進したが、同時に毒ガスで大都市を滅ぼす方法も発見した。私たちの世界を前の時代と比較してわかる著しい特徴は、どれもいわゆる「有用」な知識から生れている。今までのところ、どの社会をとってみても、この知識は不十分なので、教育はたゆまずそれを増進していかなければならないことはいうまでもない。

伝統的な文化教育の多くが馬鹿げていたことも認めなければならない。少年たちは、ラテン語やギリシア語の文法を修得するために何年も費しているが、結局（そのごく少数の人の場合を除けば）その言葉で書いた著作物を読む能力もないし、或いは読む気もない。どんな点からみても、近代語や歴史の方が好ましい。それらは遥かに役に立つばかりでなく、遥かに少い時間で、より多くの教養を与えてくれる。十五世紀のイタリア人にとっては、実際、読む値打のあるものは、自国語でなければ、ラテン語やギリシア語で書いてあるので、この二つの言語が教養にとってなくてはならぬ鍵であった。しかしその時から、偉大な文学は、色々な近代語をかりて成長して来たし、文明の進歩は非常に速かであったから、現在、私たちの問題を理解するには、古代の知識は、近代国民やその比較的近代の歴史に関する知識より役立つことが少くなっている。在来の教師といわれるものの見解は、あの文芸復興期にはすばらしいものであったが、次第に狭くなりすぎて来た。そうなったのは、十五世紀以来、世の人々がなしとげたことを無視して来たからである。それで歴史や近代の言語ばかりでなく、科学も適当に教える場合は、教養に役立つものである。したがって教育は、昔からの学科課程を守らないで、しかも直接の実利以外の他の目的を持つべきであると主張することはできる。実利と文化は、この二つを広く考えた場合は、そのどちら側の狂的な信奉者も思うように、そんなに矛盾するものではないことがわかる。

しかし教養と直接の実利が結びつけられる場合は別として、技術的能率に寄与しない知識を持つと、色々な種類の間接的利益がある。私の考えによれば、近代社会の最悪の特徴の内には、このような知識をもっと奨励し、単なる職業的能力をそうむごく追求することをしないと、改良されるものがあるようだ。

　或る一つの定まった目的に、意識的な活動をすっかり集中すると、とどのつまりは、平衡が破られ、それについで神経病のようなものが起る。これがすべての人にとって起る結果である。大戦中、ドイツの政策を指導した人々は、例えば潜水艦戦闘について誤謬をおかした。この戦闘の結果、アメリカは、連合軍の側に味方するようになった。ところで新しくこの問題に接する人々なら、この戦闘の愚かなことをみてとることができたのであろうが、彼らドイツ人は、一つのことを思いつめ、ゆとりが足らなかったため、正しくこの戦闘を判断することができなかったのである。これと同じたちの事がらは、人々の集団が、自然的な衝動をながく緊張させる仕事を企てる場合は、どこでも見受けられるようだ。日本の帝国主義者、ロシアの共産党員及びドイツのナチ党員はいずれも一種のはりつめた狂信をもっている。そしてこの狂信は、或る仕事をやりとげなければならぬという心境に、あまりに一途にはまりこむことから起る。もしこの仕事が、狂信者が思うように、重要で実行されるものならば、その結果はすばらしいものかもしれない。だが極めて多くの場合、視野が狭いので、何か有力な反対する力があるのを忘れたり、かような力はすべて、悪魔のわざであり、罰したり恐れたりしなければならぬもののように思わせる。子供はいうまでもなく、大人も遊びが必要である。換言すれば、目前の享楽以外に何の目的も立てない活動の期間を持たなければならない。だが遊びがその本来の目的を果すものとなるには、仕事と関係がないことがらに、快楽と興味を発見することができなければならない。

現代都会人の楽しみは、いよいよ受動的にまた集団的になり、他人の熟練した活動を、自分は何もせず見物する傾向が強くなっている。勿論、このような楽しみも、何もないより遥かによいものだが、教育のおかげで、仕事と関係がない知的な興味のあふれた広い領域を持つ人々の楽しみのようによいものではないだろう。優れた経済機構とは、機械の生産力によって、人類が利益をうけるようにしむけるものなので、当然、ひまを大いに増すことになるのだが、ひまが多いのは、相当の知的な活動と興味を持つ人々でなければ、退屈になりやすい。ひまな人々が幸福であるには、その人たちは、教育ある人々でなければならず、また直接に役立つ技術的知識ばかりでなく、精神的享楽を目ざして教育しておく必要がある。

知識を獲得する場合に見られる文化的な要素は、それがうまく消化されている時は、人の思想や欲望の或る性格をつくる。それは、思想や欲望をただ自分自身に直接に大切な事がらばかりでなく、一部分は少くとも、個人的でなく広い事物に関係させて作る性格である。それで或る人が知識によって或る能力を得たなら、それを社会的にみてためになる方法で使うだろうときめこむのは、あまりにも無造作すぎた話だ。教育をせまく功利的に考えると、個人の技術ばかりでなく、その目的を立派に訓練する必要を認めなくなる。訓練しない人間の性質には、かなり多くの残忍性の要素があって、大なり小なり多くの方面に現われる。学童は、新入生や少しばかり型やぶりの着物をつけているものに対して冷酷な態度をとりがちである。多くの女性は（また少からざる男性も）毒気のあるうわさ話で、できるだけ多く苦しめる。スペイン人は闘牛を楽しみ、イギリス人は狩猟と射撃を楽しんでいる。これと同じような残忍な衝動が、もっと深刻な姿を呈しているのは、ドイツにおけるユダヤ人狩やロシアにおける地主狩である。あらゆる帝国主義は、この衝動にはけ口を与えたので、戦争では、この衝動が最高の形をした公けの義務としてあがめられるようになる。

さて高い教育を受けた人々も時たま残忍となることは認めなければならないが、教養のない心の持主よりもそうなるのが少いことは、疑えないと思う。学校の餓鬼大将は、その学力が人並に達した少年であることはまれである。私刑《リンチ》騒動が起る場合、その張本人が非常に無智な男であることは、いつも殆んど変りないことである。こうなるのは、心に教養を積むと、積極的に人道的な感情が生れるからではない。もっとも事実そういう感情を生み出すことはあろうが、これが理由ではなくて、むしろその教養が隣人を虐待するのと違った興味や或いは自分が支配するのだと主張するのと違う自尊心のもとを与えてくれるからである。誰でも何より先に望むものが二つあるが、それは権力と人から受ける讃美である。無智な人は、原則としてそのどちらも、ただ野蛮な方法で手に入れることができるだけだ。この方法には、肉体的に他に打ち勝つようになることも含んでいる。だが文化のおかげで、人はそう有害でない形をした権力や、自分を称讃の的とするのにもっとふさわしい方法を会得する。ガリレオは、世界を変化させるために、どの王がしたよりも多くのことをしたし、彼の力は、彼を迫害するものの力よりたちまさる点では、量りしれないものがあった。それでガリレオは、自分の順番が来たなら、迫害者になろうなどとねらう必要はなかった。

恐らく「無用」の知識の最も大切な長所は、心の瞑想的な習慣を強めることであろう。一体この世には、適当にあらかじめ反省しないで行動しようとするばかりでなく、何もしない方が賢明だと智慧が教えてくれる場合にも、何か行動しようとするはやり切った気持が多すぎる。メフィストフェレスは、若い学徒に、「学理は灰色だが、生活の木は緑だよ」（『ファウスト』第一部。書斎の場、“Grau, tuer Freund, ist alle Theorie, und grün des Lebens goldner Baum”）と告げているが、誰でもそれをゲーテの考えたように、悪魔が大学生にいいそうなことだとせず、ゲーテ自身の意見であるかのようにして引用している。ハムレットは、行動を伴わない思慮分別を非難するきびしい戒めとしてあげられているが、誰もオセロ（シェイクスピアの悲劇『オセロ』の主人公。ムーア人でヴェニスの勇将、元老院議員ブラハンシナの娘デスデモナと結婚する。カシオはオセロに信愛され彼の副官となる。これをねたんだイアゴーは、オセロとカシオをうらみ、カシオとデスデモナの間に不義があることを奸計を以てオセロにふきこんだから、単純なオセロはデスデモナを扼殺する）を無分別な行動を非難する戒めとしてあげるものはない。ベルグソンのような教授連は、実際的な人間を軽蔑する一種の紳士気取りから、冷静な哲人的精神をさげすみ、最善の状態をしている生命は、騎兵の突撃に似るべきものだといっている。だが私としては、行動は、宇宙や人間の運命を深く理解して起る時、即ちロマンティックであるがつり合いのとれない自己主張からは起らない時、最もよいものであると考えるのである。行動のなかというより思索のなかに喜びを見出す習慣は、無智におちいったり、権力に愛着しすぎたりしないようにする安全弁であり、不幸におそわれても落つき、苦悩があっても心の平和を保つ手段である。個人的なことばかりに限られた人生は、おそかれ早かれたまらない程つらいものになる。これと異なって、人生のもっと悲劇的な部分にたえていける方法は、遥かに人生より大きくそういらだたない宇宙をのぞいてみる以外には、何もない。

心に宿る思索する習慣には、利益があり、それは非常にささやかなものから、最も深いものに及んでいる。まず、小さなわずらいごと、例えば、のみ、列車に乗り遅れたこと、或いは意地の悪い仕事仲間のようなものをとりあげてみよう。このようなわずらいごとには、勇しい英雄的な行為のすぐれているとか、或いはあらゆる人間の不幸は永く続くものではないとか反省して、それで対抗するだけの値打は殆んどないようだが、それらの心配のため起るいらだたしさのために、多くの人々の素直な性質や人生の喜びはこわれる。この場合はその時の心配事に実際上関係があるか、あるいは関係があると空想される知識の断片に、しかも邪魔にならぬ断片に、なぐさめになるものを多く見つけ出すことができる。あるいはそういうものがなくても、それは現在を念頭から忘れさせる役には立つ。怒りで顔面蒼白となった人から攻めたてられた場合は、デカルトの激情論の「なぜ激怒のために顔面蒼白となる人は、赤くなる人よりおそれなければならないか」と題する一章を想い出すと愉快になる。

また、国際的な協力を確保することがむつかしくてじれったい気持になった時は、聖者に列せられた国王ルイ九世のことに考え及ぶと、このじれったさは弱まっていく。この王は十字軍に加わる前に、世界に於ける邪悪の半分を生み出す隠険な元兇として、アラビアン・ナイトに出て来る山地の首領（the old man of the mountain ハッサン・ペン・サバーのこと。彼は、十字軍暗殺の狂信回教徒団を始めた人物、レバノン山に塞をつくった。一一二四年死。一二五六年この集団は、ダッタン王子フラクによって滅ぼされた）と同盟している。資本家の横暴が圧倒的に強くなっていく場合は、共和主義道徳の手本であるブルータスが、或る都市に四割の利子で金を貸し、一方、私兵をやとっていてその市が利子を払えなくなった時には、これを攻囲しようとしていたことを想い出すと急に気が楽になるだろう。

細かくせんさくしてものを知っていくと、不愉快なものは、あまり不愉快でなくなるばかりでなく、愉快なものは、一層愉快になっていく。桃や杏《あんず》が一段とうまいと感じられるようになったのは次のことを知ってからである。それは、この二つのものは、最初漢のはじめに中国で栽培され、カニシカ大王に捕えられていた中国の人質がこの果樹をインドに伝えたので、そこからペルシアに伝わり、西暦一世紀にローマ帝国に達したことであり、またapricot（杏）という語は、precocious（早熟な）という語とラテン語の語源が同じであるというのは、杏は早く熟するからであるということ、語のはじめに来るaは、間違った語源学によって、誤ってつけたということである。こういう一切のことのため、この果実の味は、いよいよおいしくなる。

およそ百年前、善意ある博愛主義者たちは「有用な知識を広める」会を起したが、その結果、人々は「無用」な知識のだいご味をあじわえなくなった。一日、私はメランコリーな気分におそわれた折、バートン（Burton, Robert 一五七七―一六四〇。英国の牧師で博学者）のメランコリーの分析という書物をゆきあたりばったりにひらいたが（同書、第一章第三部）、その時知ったことは、「メランコリー物質」というものがあるが、或る人はその物質は、四つの体液（血液、粘液、黄胆汁、黒胆汁をさす）よりかもし出されると主張するけれど、「ガーレンは、白い粘液を除いた三つの体液だけで出来ていると信じており、この道理にかなった主張をヴァレリウスもメナルダスも固く守ったし、フシウス、モンタルタス及びモンタナスという人々もそう主張した。(彼らはいう)どうして白い粘液が黒いメランコリー物質になるのか」ということである。この反駁ができない議論があるにもかかわらず、サクソニアのヘラクレスやカルダン、ギアネリウスやローレンチウスは、(バートンの言によると)反対意見であった。以上の歴史的な考察のために、私のメランコリーは、それが三種の体液によるか、四種の体液によるのか、どちらにせよ、しずめられてなくなってしまった。以上の次第で、物事にあまり熱中しすぎる傾向をいやす方法としては、このような昔の議論の過程を想い起すことより、はるかに有効な方法は、殆んど考え出すことはできない。

だが教養の与えるささやかな楽しみは、実際生活のこまごました悩みを取り去るものとして意味があるけれど、ものをじっくり考えることのもっと大切なはたらきは、人生の遥かに大きな害悪、即ち死、苦痛、残忍及びもろもろの国民が、さけようとすればさけられる災禍にめくら滅法に突進することに関係している。独断的な宗教に、もはや慰めを見出せない人にとっては、人生がほこりだらけでざらざらしたものでなく、自分のことばかり考えるつまらない自己主張ばかりでいっぱいにならないものにするためなら、そのためには、何か独断的宗教に代るものが必要である。現在の世の中は、怒りっぽい自己中心の人々の群であふれている。どの人をみても、人生全体をそっくり見通すことはできず、また少しでも何か生み出そうとするよりは、むしろ文明を破壊しようとしている。このような狭い心をなおそうと、どんなに専門技術のようなことを教えても、矯正手段とはならない。この矯正手段は、個人の心理を扱うものである限り、歴史、生物学、天文学にあるし、またその他自尊心をきずつけず、各人が自分の姿を適切な見方で眺めるようにする研究に見出すことができるものである。必要なものは、あれやこれやの断片的な専門知識ではなくて、人間生活全体の目的という考えをふるい起す知識である。即ち芸術及び歴史であり、英雄的な人々の生涯をよく知り、宇宙における人間の不思議なほど偶然ではかない地位をいくらかでも理解することである。以上のすべての事がらは、特に人間らしいと思われること、即ち大まかにものを見たり、知ったり感じたり、またよく考えて理解する能力を誇る感情に通ずるものである。こせこせしないで個人的でない感情（ラッセルの『幸福論』にも人間を幸福にならせる感情として出て来る）を伴った大らかな認知からこそ、智慧が最も飛び出しやすいのである。

人生は、いつの世にも苦痛にみちているものだが、私たちの時代に生きることは、以前の十八、十九世紀に生きるよりもっと苦しい。苦痛から逃れようとして、人々はくだらぬ事をし、自己欺瞞におちいり、大じかけな神話を発明するようになる。だがこれらの一時のがれは、苦痛のたねをますばかりである。公私両面にわたる不幸を征服することのできるのは、意志と知性が共に働き合う方法より外にはない。意志の役割は、禍から目をそらしたり、いつわりの解決を納得したりすることを拒むことにあるし、知性の役割は、禍を理解し、それがなおされるものなら、その方法を発見し、発見されなければ、禍をその関係からよく調べ、避けがたいものであると認め、禍とは別に、他の領域他の時代及び星のいり交った空間の深淵の中にあるものを想い出して、禍を何とか辛抱ができるものにすることにある。

第三章　建築と社会問題

建築には、大昔から二つの目的があった。即ち一面には、寒気を防ぎ、雨露をしのぐという実利的な目的があり、他面には、石材をつかったすばらしい表現をする方法で、或る観念を人間に植えつけようとする政治目的がある。第一の目的は、貧乏人の住居についてみても十分果されているが、神殿や王宮は天上の権力や、その地上のお気にいりの王に対して畏敬の念を起すように設計された。そう多くの場合ではないが、あがめたたえる対象が、国王個人でなくて、集団であることがある。例えば、アテネのアクロポリスやローマのカピトール（ジュピターの神殿）は、臣民や同盟者を教化するために、それらの栄ある都市の崇高な威厳を表現していた。美的な価値が望ましいと考えたのは、公共的建築物についてであったが、その後、財閥の宏壮な邸宅や皇帝の宮殿にもそう考えるようになった。だが農夫のあばら屋や都会のプロレタリアのぐらぐらする長屋等では、美的価値は問題にならなかった。

中世社会では、社会組織が古代より一層複雑であったのにかかわらず、芸術的動機から建築しようとすることは、昔と同様に少かった。実をいうともっと少かったのである。というのは、国王の城郭は、武力を主眼として設計されており、もし美しい点があったなら、それは偶然そうなったのであるからだ。中世紀の最上の建物を生んだ母胎は、封建制度でなく、教会と商業であった。大伽藍は、神及び神に仕える司教《ビショップ》の栄光を示していた。イギリスとネーデルランドの間の羊毛取引商は、イギリス王もブルガンディ侯も金でやとった使用人だと心得ていたので、その誇を具体的にあらわしたのは、フランダーズのすばらしい衣料会館や市の建築物であり、堂々たる点では少し劣るが、イギリスの多くの市場である。だが商業上の建築物を完成したのは、近代財閥の発祥地であるイタリアであった。海の花嫁であり、十字軍を他に流用し、キリスト教国の連合した国王たちを威圧した都市であるヴェニス（例えば第四回十字軍をそそのかしてギリシアの内乱に介入させ、コンスタンチノープルの攻撃に当らせた）は、共和総督の宮殿や豪商の邸宅に、荘厳な美の新しい型を創造した。北部の田舎貴族と違って、ヴェニスやジェノアの都会の貴人たちは孤立して、防御手段を講ずる必要はなくて、隣合わせに住み、そうあまりせんさくしない旅客の目にうつるすべてのものがすばらしく、美の点からみても満足させてくれる都市をつくった。特にヴェニスでは、きたない所を隠すのは何でもなかった。というのは、貧民窟を裏町に隠してしまっていたから、ゴンドラの乗客は決して見ることができなかったのである。それからこの方、財閥がそんなに完全無欠な成功をおさめたことはなかった。

中世時代をみると、教会は大伽藍ばかりでなく、他の種類の建物も建てた。それは、伽藍よりもはるかに現代の必要にも関係するもので、寺院、修道院、修道尼院や大学である。これらは、特定の形式をした共産主義に基いたもので、平和な社会生活を営むようにもくろまれていた。こういう建物の内部をみると、個人的なものはすべてスパルタ的で簡素であるが、公共的なものはすべて立派でひろびろとしている。万事控え目な修道僧は、各々やわらか味も飾り気もない小室で満足していたが、広間、礼拝堂、食堂を大きく荘厳にして、そこに教団の誇をあらわしていた。イギリスでは、修道院や寺院は、主に漫遊客をよろこばす遺跡となって残っているが、オックスフォードやケンブリッジのカレッジは、今なお国民生活の一部をなしており、中世の公共精神の美点をとどめている。

ルネサンスが北方にひろがるにつれて、フランスやイギリスの粗野な貴族は、イタリアの富豪の上品さを身につけようと努力し始めた。メディチ家（イタリアの名家。伝説によると、その祖はペルセウスとされている。ジョヴァンニ〔一三六〇―一四二九〕が同家の実際の創始者といわれ、商業によって富を得、人民党に属してフローレンスの市政を支配し、その子コシモ、ロレンツォによって同家は二派にわかれる。共にルネサンスの芸術を保護した）は、娘たちを国王と結婚させる一方、アルプスの北にいる詩人、画家、建築家は、フローレンスのモデルにならったし、貴族は自分たちの城を田舎のやかたにした。この建物は攻撃に対して無防備であるために、みやびやかで教養ある貴族らしさを新しく確保したことを示していた。しかしこの確保した貴族らしさはフランス革命で滅び、それ以来、建築の伝統的な形式は、生気をなくしてしまった。それでもその形式は、ずっと昔の型の権力が残っているところ、例えば、ナポレオンがルーブル宮殿にした建まし等に残っている。だが、これらの建ましには、おちつきのないナポレオンを物語るけばけばしい下品さが漂っている。ナポレオンは、彼の母親がまずいフランス語で、「それがつづくならばねえ」といつもいった言葉を忘れようと努めているように見える。

十九世紀の建物には、二つの基本形式があり、そのどちらも機械的生産と民主主義的な個人主義に基いているものである。一方には、煙突の聳えている工場があるかと思えば、他方には労働階級の家族が住むマッチ箱のような家屋が幾列か並んでいる。工場が産業主義のもたらした経済機構をあらわしているとともに、小さな家屋は、個人主義的な人々の理想である社会的孤立を示している。地代が高くて、いきおい大きな建物がほしくなるところでは、その建物には、社会上の統一はなくて、建築上の統一があるだけである。具体的にいうと、その大きな建物は、事務所の集った建物《ブロック》、アパート或いはホテルの大建造物であり、そこにいる人たちは、修道院の僧侶のように共同社会をつくらず、できるだけお互の存在を気にとめないようにする。イギリスをみると、地価がそう高くない所では、一家族に一軒という原則は、再び頭を擡げだしている。列車でロンドンとかどこか北部の大都会に近づくにつれ、かような小住宅が無限に続いた街を通過する。ここでは、各々の家が個人生活の中心であり、共同生活は事務所、工場、鉱山とその地方によって違うが、そういうものが現わしている。建築物によって、家庭外の社会的生活ができるという結果が確保される限りでは、この生活は専ら経済上のものになるから、すべての経済的でない社会生活は、家族のうちで満されることになるか、でなければ、妨害を受けがちである。或る時代の社会的な理想が、その時代の建築物の美的価値から判断されるものとすると、この数百年間は、今まで人類の到達したうちでもっとも低い点を示している。

工場と工場の間にはさまれたマッチ箱のような家屋の列は、近代生活の面白い矛盾を現わしている。生産はいよいよ多数の人々が関係する事となって来るにつれ、私たちの一般的な考え方は、政治や経済の領域外だとみなすあらゆる事がらにおいて、ますます個人主義的になって来た。このことは、自己を表現することを礼讃する結果、あらゆる種類の伝統や因襲にむちゃくちゃに反抗するようになった芸術や文化の事がらにあてはまるばかりでなく——

おそらくあまり人が集りすぎるのに対する反動として——一般男性の日常生活、それにもまして一般女性のその生活にあてはまる。工場には、どうしても社会生活があり、それが労働組合を生んだのであるが、各家族は、自分たちの家庭にひきこもって孤立するのを望んでいる。「私は交際がきらいです」と女性はいう。そして彼女の良人たちも、一家のあるじの帰宅を待って家庭にじっとしている妻たちのことを思うのが好きである。こういう感情のおかげで、妻たちは孤立した小さな家、単独のささやかな台所、ひとりでする家庭の骨折仕事や子供たちが登校しない間、ひとりでする子供たちの世話にたえるのであり、またこういうことを進んでするのである。その仕事はつらく、その生活は単調であり、女性は自分の家にとじこめられた囚人にひとしい。こういう状態は、すべて女性の神経をすりへらすものであるが、それでも女性は、もっと共同的な生活様式よりも、こういう状態を好んでいる。というのは、単独であることが、女性の自尊心をあおりたてるからである。

こういう様式の建物を択びとることは、女性の地位に関係しているのである。女権論《フェミニズム》や選挙権があっても、妻の地位は、給料取階級ではどうみても、昔の状態に較べてそうたいして変っていない。妻はやはり夫の所得にたよっており、骨折って働いても給料を貰わない。妻は、主婦たることを職業のようにしているので、世話する家を持ちたいのである。自分だけで主動的な立場をとれる世界を持とうとする欲求は、殆んどすべての人にあるものだが、妻のこの欲求のはけ口は、家庭以外にはない。良人のがわからいうと、妻が彼のために働き、しかも経済的には彼にたよっているという感情を楽しんでいる。その上、彼の妻や彼の家は、彼の所有の本能を、他の様式の建物でできるよりも、一層満足させている。夫妻ともに、いつとは限らないがもっと社会的な生活をしたいという欲望を感じても、それはそれとして、異性の多分に危険な人たちと出会う機会が殆んどないことを、夫は妻を所有し、妻は夫を所有するという考えから、各々よろこんでいる。それで彼らの生活が窮屈で、婦人の生活が不必要に骨折るものであっても、誰もその社会的生存の機構を変えることを望まない。

こういうことはすべて、結婚した女性が、家庭外で働いて生活の資を得ることが通則となり、しかも例外がないとすると、変るだろう。職業階級では、独立した仕事で金銭をかせいでいる妻が、すでに相当いる。大都会のことであるが、彼女たちは自分たちの事情から考えて好ましいものに近づこうとするためにお金をかせいでいる。彼女たちが必要とするものは、自分たちが食事の心配をしないですませてくれるサーヴィスの区画《フラット》、即ち共同炊事をする台所や、勤務時間中、子供の世話をしてくれる育児学校である。昔から結婚した女性は、家庭を外にして働かなければならないことを喜ばないようだ。そして一日の仕事をした後で、家事以外の仕事を持たない妻の普通する仕事をするなら、大いに過労におちいりやすい。しかし適切な様式の建物が与えられたなら、女性たちは家事や育児の仕事の大部分を免れることができるだろう。その結果、自分たちは勿論、良人や子供たちは利益を受けることになる。そしてその場合、妻や母の昔からの義務の代りに、職業的な仕事をすることは、明かなプラスといえよう。もしかりに昔風に家にとじこもっている妻の良人たるものが、一週間も自分たちの妻の義務を引受けるとすると、こういうことはよく納得するだろう。

給料取りの妻の仕事は、無報酬であるため、一つも現代化されないできたが、実際、そのうちの多くのものは不必要であり、その残りの必要なものも、大部分は色々の専門家にわけてしてもらえるものである。しかしこうしようとするなら、是非手をつけなければならない第一の改革は、建築のやりなおしである。問題は、中世の僧院で確保されていたような公共的な利益を、しかも独身でなくて確保することである。いいかえるなら、子供の必要とするものをみたす準備をしなければならないのである。

まず勤労階級の家族がめいめい独立家屋の形式にせよ、貸部屋の集った大きな建物の数室を利用する形式にせよ、とにかく孤立している現在の組織のよしてもいい不利益は何であるか考えてみよう。

最も重大な害悪が子供たちを襲っている。子供たちが学齢期に達しないうちは、日光と空気があまりにとぼしすぎる環境にいる。子供たちの食物は、貧しく無智でいそがしく、また大人に対しても子供に対しても同じような食事をさせ、区別することができない母親の手をわずらわすものである。子供たちは、その母親が料理したり仕事をしたりする間、いつも邪魔をしているので、その結果、母親をいらいらさせるから、おそらく愛撫を受けると思えば、手あらく取扱われているだろう。子供たちには、自由も場所も、或いは誰の害にもならずのびのびと自然に活動ができる環境がない。色々の事情が以上のように重なっているために、子供たちは弱々しく神経病的にしずんだ具合になりがちである。

母親に及ぼす害悪もまた深刻である。母親は、保母、料理人、及び女中の役目を一緒に引受けなければならない。しかもそのどれについても訓練を受けていない。母親はいつも疲れており、自分の子供を幸福をもたらすものとはみないで、邪魔物と考えている。

一方、彼女の良人は、仕事をしない時は、のんびりしているが、彼女にはくつろぐひまはない。そのあげく、まあやむを得ない事であるが、母親はいらいらくよくよするようになり、人をうらやんでばかりいる。

男性にとって不利なことは、女性の場合より少い。というのは、男性は家庭にいることが女性より少いからである。だが男性とて家庭にいる時は、自分の妻が怒りっぽいことや、子供たちのいわゆる「悪い」ふるまいを楽しく思うことはあるまい。大概の場合、男性は建物を非難すべき時でも、自分の妻を非難しているから、不愉快な結果が起る。これはまた男性のがわの野蛮さの度合に応じて色々違っている。

勿論、こんなことがすべてどの家庭にも起るというのではないが、しかし起らない場合は、母親のがわに自律心、智慧、体力がなみはずれて豊かであると断言できる。そしていうまでもなく、人間の例外的な性質を必要とするしくみは、例外的な場合だけうまくいく。かようなしくみの欠点は、その害悪が現われない珍らしい実例があるからといって、それを打消すことはできない。

以上のすべての悩みを一度になおすに必要なことは、建物の中に公共的要素をとりいれることだけである。一戸だちの小さな家屋や、各室にめいめい台所を備えた貸部屋のブロックはとりこわさなければならない。その跡に中庭をとりまき、その南面は日光を受けるように低くした高爽なビルディングをいく棟も建てるべきである。共同の台所、ひろびろした食堂、その他娯楽や会合または映画に使う広間を設けなければならない。中庭には、子供たちが何でもないことで自分からけがをしたり、こわれやすい物を破損したりしないように工夫した育児学校を設けなければならない。即ちこの学校には、階段やさわりやすいむき出しの煖炉や熱いストーブはおいてはならぬし、皿、茶碗、受皿等は、こわれない材料で作っておくことが肝要である。また一般的にいうなら、子供たちに「いけません」といわなければならないことになる品物は、できるだけおかないようにすべきだ。天気のよい時は、育児学校の教育は戸外ですべきであるが、天気が悪い時でも、最悪の場合を除いて、一方は開放した室でしなければならない。子供の食事は、すべて育児学校でとることにする。この学校は全くやすい費用で、母親がたべさせることができるどの食餌よりも栄養豊かなものを子供に与える。子供たちは離乳期より就学まで、朝食から最後の食事がすむまでのすべての時間を、育児学校で過さなければならない。そこで彼らは面白いことをして楽しむ十分の機会は与えられることになるが、受ける監督は、彼らの安全を損わない程度の極めて少いものにしておく。

子供に及ぶ利益は莫大のものになろう。彼らの健康は、空気や日光にめぐまれ、広い場所で運動し、善い食物をたべるために増進するだろう。子供たちの性格は、自由であるために、またいつも口やかましく止め立てする雰囲気から免れるために、よくなるだろう。親である給料生活者は、大方このようにやかましく子供を制止して、自分たちのなりたての数年を浪費しているのである。自由な運動は、ただ特別に工夫した環境でだけ許されるものだが、育児学校では、殆んど無制限に許すことができようから、その結果として、大胆な行動や筋肉をうまくつかいこなすことは、若い動物に見られるように、無理なく自然に発達するようになるだろう。幼児にとって、いつも運動を禁止することは、将来の生活にみる不満と臆病のもととなる。だがこういうことは、子供たちが大人の環境に生活する限り、どうしてもさけられない。したがって、育児学校は子供たちの健康のためになると同じく、彼らの性格にとってもためになるだろう。

女性にとっても、同様に大きな利益があるだろう。彼女たちの子供が離乳するとすぐ、幼児の世話について特に訓練された女性に一日中わたすことになろう。女性たちには食物の買出し、その料理、食後のあらいもの等の仕事はなくなるだろう。彼女たちは、良人と同様に、朝、働きに出て、夕方、帰宅することになる。良人たちと同様に、働く時間といこいの時間があることになろう。いつもかつもいそがしいということはない。彼女たちは子供たちを朝と晩だけ世話することになろう。その時間は、愛撫するには十分だがそうながくないから、うんざりすることはない。一日中、子供たちと一緒にいてごたごたしている母親には、彼らと遊んでやる程の精力は殆んど余っていることはない。それで一般に、父親が一緒に遊んでやる方が、母親がそうする場合より遥かに多い。どんなに愛情深い大人でも、子供たちがやかましく何をしてくれかにをしてくれと要求する騒がしさから、しばらくでも逃れられないなら、子供たちをやりきれぬものと思わざるを得ない。だが離れて過ごした一日の終りには、母親と子供の両方は一日中一緒にとじこめられている時より、遥かにお互に親しみ深く感ずるだろう。身体はつかれているが、心はなごやかな子供たちは、育児学校の女性たちの公平な世話を受けた後は、自分たちの母親の愛護を喜ぶだろう。家庭生活の人を苦しめる点や、愛情をこわしてしまう点は除かれ、その生活のよい点だけが残るだろう。

男性女性どちらも、小さな部屋にとじこめられていないし、むさくるしい所からのがれ、大きな公共的な部屋にはいることになる。そのつくりは、大学の講堂のようにすばらしいこともある。美を味い広い空間を占めることは、もう金持の特権と考える必要はない。したがって、せまい所に押しこめられていることから起るいらだたしさ、そして家庭生活をいとなめなくするいらだたしさは、なくなることになろう。

さて以上のすべてのことがらが、建築上の改革の結果といえよう。

百年以上も前のことだが、ロバート・オーエン（Robert Owen 一七七一—一八五八。いわゆる「空想的」社会主義者、北ウェールスのニュー・タウン生れ。利潤追求を第一とする資本主義を協同的経営で修正しようとして、経済的協同組合運動を起す。労働階級救済案として約千二百人の村落をつくり、村民は正方形の大建物にすみ、村は自給自足の封鎖的単位で生産・消費を共同にし私有財産を認めない。この計画をアメリカ、インジアナ州ハーモニー村で実現しようとしたが失敗した。彼はまた環境の改善により人間性は改良されるものとする環境主義を唱えた）は、自分の「四辺形型の協同体」（cooperative parallelograms）のせいで、大いに嘲笑された。だがこれは、賃銀労働者のために、大学生生活のすぐれた点を確保してやろうという企てであった。この思いつきは、極めて貧しいその時代では早すぎたが、その中には、今日となると実行可能でありまた望ましいものに極めて近いものが多く含まれている。彼自身もニュー・ラナーク（オーエンは、スコットランドのニュー・ラナークで、紡績工場を買収し、協同的な理想的工場をたて、労働者の状態を改善し幼稚園を設け幼児教育につくした）で非常に進歩した原理によって、育児学校を建てることができた。しかしニュー・ラナークの特殊な事情によって、誤って自分の「四辺形型の協同体」をただ住む場所とみなさず、生産上の単位と考えるようになった。そもそも産業主義の傾向は、最初から生産にあまり重点をおきすぎ、消費と日常生活にあまり重点をおかなすぎる風であった。こうなるのは、利益を強調する結果であり、しかもその利益は生産にだけ結びついているものだったからである。そのため、工場は科学的になり、分業をとことんまで押し進める反面、家庭は非科学的のままで、相かわらずあらゆる労働をさらでだに荷の勝ちすぎた母親に負わせている。およそ人間活動の最も偶然的で組織的でなく全然思わしくない部門から、金銭的利益を期待することができなくするのは、利益追求の動機が他をおさえて強くなった必然の結果である。

だがしかし、建築上の改革にとって最も頑強なさまたげとなるのは、私がこれまでいって来たように、賃銀労働者自身の心持にやどるものであることは、見のがしてはならない。彼らはどんなにけんかをしても、自分たちだけの「家庭」生活を好んでおり、そこに自尊心と所有欲を満足させるものを見出している。僧院の生活のような独身者の共同生活は、以上のような問題を起さなかった。自分たちだけの生活をしたいという本能をもたらしたのは、結婚と家族である。時に、ガスこんろの上で何かすることができることは別として、それ以外に自分たちだけで料理をするということは、本当のところこの本能を満足させるに必要だとは思えない。それで自分たちの家具をそなえた自分たちの部屋だけで、これになれた人々には十分だろうと信ずる。だが身についた習慣はなかなか変えにくいものである。でも女性が独立を望む結果、いよいよますます家庭外で生活の資を得る女性を生み出すことになろう。するとこういう事情から、改めて、私たちが考えて来たような組織が望ましいと彼女たちは思うようになるかもしれない。現在のところ女権拡張論《フェミニズム》は給料とり階級の女性たちのなかでは、まだ発展の途についたという具合だが、もしファシストの反動が起らないなら、フェミニズムは増大していく傾向がある。恐らく、結局以上の動機で、女性たちは共同炊事や保育学校を望むようになるだろう。こういう変革の望みが起るのは男性側からではないだろう。給料取りの男性は、社会主義者だろうが共産主義者だろうが、自分たちの妻の地位をかえる必要は殆んど認めないものである。

失業が相かわらず重大な害悪となっており、殆んどすべての人が経済上の原理を理解していないうちは、既婚女性の就職は、どうみてもそういう女性の生活を安定させる職業の持主である男性を働けなくするものとして反対されている。この理由からしても、既婚女性の問題は、失業問題と結びついており、しかもこの問題は、おそらく相当の社会主義の立場からでなければ、解決されない。しかしとにかく私が提唱してきたような「四辺形型の協同体」をつくることは、大規模な社会主義運動の一つの仕事としてでなければ、大じかけにはできない。というのは、利益追求の動機だけでは、そういうことを起すことができないからである。したがって、子供の健康や性格、妻の心情は、利益追求の欲望が経済活動を左右している限りは、いつも傷つけられどおしである。かような動機によっては、うまく成しとげられるものもあるが、成しとげられないものもある。この成しとげられないものの中に、給料取り階級の妻子の幸福や――甚だユートピア的にみられることだが――郊外を美化することがはいっている。私たちは、目もあてられない郊外のみにくさを五月の風や六月の霧のように当然のこととしているが、それは事実、風や霧と同じように避けがたいものではない。郊外を大学の校庭のように、個人的でなく公的な企てによって経営し、計画的に道路をつくり、家屋をたてていったなら、郊外が私たちの眼を喜ばせないということはあり得ない。目もあてられないみにくい光景というのは、なやみや貧乏と同様に、私たちが個人的利益を追求する動機に無条件に従っているために支払う犠牲の一部分である。

第四章　現代版マイダス王　（一九三二年筆）

マイダス王や彼がさわったらすべて黄金になるという話は、ホーソン（Hawthorne 一八〇四—一八六四。アメリカの清教徒精神を代表する作家、マサチューセッツ州セイレム生れ、孤独内省的。『緋文字』がその代表作であるが、児童向の物語も書いた。『タングルウッド・テールス』もその一つ）の『タングルウッド・テールス』をきいて育った人々なら、誰でもよく知っていることである。この立派な王様は、人並はずれて黄金が好きだったので、彼がさわるものはみな黄金にするという特権を或る神（デオニダス）から与えられた。最初は、王も嬉しかったが、たべたいと思う食物が、それを呑みこまないうちに、硬い金属にかわることに気づいた時は、困ったなあと思い始めた。そして彼の娘にキスすれば、彼女が金になってしまうと、王はあっけにとられ、もらった特権をとり除いて下さいと神に願った。その時から王は、黄金だけが価値あるものではないことをさとった。

これは、たわいもない話だが、これに含まれている教えを学びとるのは、世の人々にとって、なかなかむつかしく思われることである。スペイン人は、十六世紀のことだが、ペルーの黄金を獲得すると、それを独占したいと考え、この貴金属を輸出しないように、あらゆる妨害策を講じた。その結果、黄金はスペイン領土全般にわたる物価をつりあげるばかりで、スペインが現物を前より豊かに持つということには、ならなかった。誰でも、もとの二倍の金銭を持っているなあと思うのは、自分の誇を満足させることになるかもしれないが、ダブローン（スペインの金貨）をいくらつかっても、前に買えたものの半分しか買えないとなると、その利得は全く空想的ではかないもので、前より多くの飲食物とか、よい家とか何か確実な利益をもたらすことはできなかった。イギリス人やオランダ人の勢力は、スペイン人に及ばなかったので、彼らは今日、合衆国の東部となっている地域で満足する外はなかった。この地は金がなかったので、問題にされていなかった。だが、富の源として考えると、この地域はエリザベス朝時代、各国民がほしがっていた新世界の金を産する地域よりも、計りしれないほどはるかに生産的であることがわかって来た。

　このことは、歴史上の事実としては、誰でも知っていることになっているけれど、これを現在の問題にあてはめることは、連合国の政府の精神的能力では、及びもつかないことのようである。経済問題は、いつもむちゃくちゃに取り扱われてきたが、現在はどの昔の時代よりも特にそうである。この経済の面で、大戦の終局にあたって起ったことは、甚だしく不合理だったので、政府を構成している人たちは気狂病院入院中でない大人だと思うのは、むつかしい。彼らは、ドイツを罰したくてしかたがなく、しかもこの処罰の方法で昔からあるのは、賠償金を課することだった。それで彼らは賠償金を課した。多ければ、それだけよいというのだ。だが彼らがドイツに支払うことを要求した額は、ドイツに於ける金貨、或いは世界中のそれよりも遥かに多かった。したがって数学的にみて、ドイツ人は現物による以外は、支払うことはできなかった。いいかえると、ドイツ人は現物で支払わなければならないか、でなければ全く支払わないことになった。

この瀬戸ぎわで、連合国の政府は、国民の繁栄は輸入に対する輸出の超過ではかる習慣があることを急におもい出したのである。一国が輸入するよりも輸出が多いと、貿易のバランスが有利であるといわれているし、反対の場合はバランスが不利であるといわれている。ところが、連合国の政府は、ドイツにどうしても金貨で払うことのできない多額の賠償金を課したため、かえってドイツは、連合国との取引で、貿易上、有利なバランスを持ち、連合国は不利なバランスを持つことになるようにしてしまった。連合国の政府は、ドイツの輸出貿易を刺戟して、自分たちが考えて利益と思われることを、はからずもしてやっていると発見して、ふるえ上った。この一般的な議論に、もっと特別な他のことが加わっていた。ドイツは、連合国が生産することができないものは、何一つ生産しないし、ドイツの競争が脅威となったことは、いたるところで無念残念と思った。イギリス人は、自国の炭坑業が不振である際、ドイツの石炭を望まない。フランス人は、新に獲得したロレーンの鉱石で、自国の鉄鋼生産を増そうと働いている場合、ドイツの鉄鋼製品を望まない。その他これに似たことが多い。こういうわけで、連合国は、ドイツに支払わせることで、ドイツを罰しようとする決心を持ち続けている間は、どの国も一様にドイツには何か特別な形式による支払いはさせまいという決心をすることになった。

この気狂いじみた状態に対し、気狂いじみた解決を考えついた。ドイツに、ドイツが支払わなければならないものは何でも貸すときめられたのである。連合国が結局いいわたしたことはこうである。「私たちは、賠償をお前から免除してやるわけにはいかぬ。というのは、それはお前たちの犯した罪悪に対する正当な罰であるからだ。さてまた、私たちは賠償を支払わせるようにしてやることはできない。そうすると、私たちの産業を破壊するからである。それで、私たちはお前たちに金を貸そう。そして私たちが貸したものをお前たちが返却するようにさせよう。この方法によると、原則は守られて、しかも私たちに損害はないだろう。お前たちに及ぶ損害についていえば、それをただ後まわししようと考えているだけだ」。

だがいうまでもなく、この解決は、その場限りのものに過ぎなかった。ドイツ貸付金に応募したものは、利子を要求した。ところが賠償金支払いに関してすでに起ったと同じ矛盾が、利子支払いにも起った。ドイツ人は、利子を金貨で支払う力はなかったし、連合国は、ドイツ人が現物で利子を支払うことを望まなかった。そこで利子を支払うように金銭をドイツ人に貸すことが必要になって来た。勿論、人々はいうまでもなく、早晩こんな策略にいや気がさしてこざるを得なかった。或る国に、何も報酬を貰うことなく金を貸すのに気が進まなくなると、その国の信用状態はもうよくないといわれる。こういうことになると、人々は、自分たちのものであるものを実際に支払ってくれと欲求し始める。だが既知の通り、このことはドイツ人のできることではなかった。このために破産がまずドイツに、ついで支払い能力のないドイツ人が金を借りている人々の中に、更にその人たちが金を借りている人々の中にと漸次にひろがっていった。その結果、世界的不景気、不幸、飢餓、滅亡及び世人が苦しんでいる禍のあらゆる連続が起る。

ドイツの賠償金だけが、私たちの悶着の原因だといい立てるつもりはない。これには、連合国のアメリカに対する借金も与って力があるし、その他、それほどの程度ではないが、公私のあらゆる債務も関係している。その場合、債務者と債権者の間が、高い関税の障壁でさえぎられているので、現物支払いがむつかしくなっていた。ドイツの賠償金は、なるほど決して悶着のすべての原因ではないが、この悶着を取扱いにくくする、しどろもどろになった考え方の、最もはっきりした一例である。

私たちの不幸のもととなったしどろもどろの考え方は、消費者の立場と生産者の立場、もっと正しくいうなら、競争する組織の中の生産者の立場との間に起った混乱である。即ちドイツに課せられると、連合国は、自分たちを消費者だと思いこんだ。賠償がドイツ人を臨時の奴隷として自分たちの代りに働かせ、自分たちは労働しないで彼らドイツ人の生産したものを消費することができるのは、いい気持だろうと考えた。ところが、ヴェルサイユ条約が結ばれてしまって、彼らが俄かに気がついたことは、自分たちも生産者であり、自分たちが求めているドイツの品物が流れこむと、自分たちの産業が亡ぶだろうということだ。彼らは非常に困ったので、途方にくれ頭をかきはじめたが、何の役にも立たなかった。連合国側は一緒に集って頭をかき、それを国際会議といってみても何にもならない。正直なところ、世界の支配階段が甚だ無智、愚かであるから、かような問題を考えぬくこともできず、また甚だ鼻柱が強いから、彼らを助けようとする人々から注意をしてもらおうともしなかった。

当面の問題を簡単にするために、連合国の各々が無人島に住んでいる一人のロビンソン・

クルソーのような一個人で成り立っていると仮定しよう。ドイツ人は、ヴェルサイユ条約によって、あらゆる生活必需品をただでその人に提供する義務があることになろう。だが、その人の態度が、列強のやりくちと同じだとするなら、次のようにいうだろう。「いかん、私に石炭をよこしてはいけない。そうすると、私の薪を集める仕事を亡ぼすことになるから。パンをよこしてはいけない。そうすると、私の農業と原始的ではあるが巧妙にできている製粉装置を駄目にするから。着物をもって来てくれるな。なぜかというと、私には、動物の皮から衣類をつくる幼稚な工業があるからだ。お前が金を持って来るなら、何も私に害とならないから、一向差支えない。私はそれを洞窟の中にしまいこみ、決して使わないつもりだ。だがどんなことがあっても、使用されるものの形では、どんな支払いも受けたくない」。私たちが想像するロビンソン・クルソーがもしこういったとするなら、彼はこの無人島の生活で正気を失ったと思わなければならない。けれども、こういうことがまさしくどの有力な国家もドイツにいったことなのである。個人でなく一国が狂気におそわれると、並々ならぬ産業上の智慧を示していると思われる。

ロビンソン・クルソーと一つの全体としてみた国民の間に関係する違いは、ただ一つあるが、それは、ロビンソン・クルソーは自分の時間を手ぎわよく段取りするが、国民はしないことだ。個人がただで衣類を手に入れると、衣類製作に時間を費さない。だが国民は、気候のような自然の妨げがない限り、必要と思うものは何でも生産しなければならないと考えている。国民間に分別があるなら、国際的協定によってどの国民が何を生産するかとりきめ、個人が何でも生産しようと企てないように、一切合財生産しようとしないだろう。個人ならば、自分の衣類、靴、食物、住宅その他を自分で製作しようとしない。もしそうしたなら、極めて快適でない生活水準で満足しなければならなくなるだろう。だが国民は少しも分業の原理を理解していない。理解していたなら、彼らはドイツに或る種類の品物で支払わせる気になり、それを自分たちで製造することは止めただろう。そのため失職した人々は公けの費用を使って、別の商いを教えこむことができよう。だがこうするには、生産を組織化することが必要であろう。そしてこのことは、事業の本筋にはもとるものである。

黄金を迷信することは、不思議にも、黄金で利益をうける人々にばかりでなく、それで不幸をまねく人々にも深く根ざしている。一九三一年の秋のことだが、フランス人が強いてイギリス人に金本位制を廃棄させた時には、フランス人はイギリス人に何か害を加えているという考えにとりつかれたし、イギリス人も大部分は、彼らと同じ気持であった。一種のはじらい、国民的屈辱のような感情が、イギリスにひろまった。それでも最も有能な経済学者たちは、もとから金本位制の廃棄を主張していたし、続いて起った実状によると、彼らのいい分が正しかったことがわかって来た。金融を実際に支配する人々は、甚だ無智だったので、イギリス政府は、イギリスにとって最善であることを強制されてしなければならなかったし、ただフランスは不親切であったため、イギリスに思わざる利益をもたらす行動をとる結果になった。

すべて有用な仕事だとよくいわれているものの中で、およそ最も不合理なのは金採掘業である。金は、南アフリカの地中から掘りとられ、盗まれたり事故にあわないようにいやが上にも用心して、ロンドンとかパリーとかニューヨークに運ばれ、そこで再び銀行の地下の金庫室におさめられる。いっそのこと金は、南アフリカの地下にそのままおいておいたがよかったろうに。この銀行の準備金は必要に応じてそれを使ってもよろしいといっている間は、恐らく役に立つものであったろう。しかしその準備金を或る最低量以下に落さないという方針をとるや否や、その量は存在しないのと同じものになった。私は不時の災害に備えて百ポンドとっておこうというなら、私のいうことは筋が通っている。だがどんなに貧乏になっても、その百ポンドはつかうまいというなら、その百ポンドは、私の財産のうちで、有効なものではなくなり、むしろそれを捨てさってもいいようなものだ。こういうことが、銀行準備金はどんな事情でも絶対につかえないという場合のその状態に、ちょうどあてはまる。いうまでもなく、国民の信用の一切を相かわらず現物の黄金につないでおかなければならないというのは、野蛮時代の名残りである。国内の個人相互の取引では、金を使うことはなくなってしまった。大戦前では、小額の取引には金が昔どおり使われていたが、大戦後成人した人々には、金貨の姿をかいまみたものは殆んどいない。それでも、今なお誰の財政上の安定論も、何か不思議なからくりで、その国の中央銀行における金の蓄積によっていると考えられる。潜水艦のために金輸送が危険となった戦争中は、作り話が非常にはぶりをきかした。南アフリカで採掘された金のあるものは、イギリスにあり、あるものは、フランスにあるなどと考えられたが、実をいうと南アフリカにじっとしていたのである。それくらいなら、なぜもう一段作り話を発展させて、金を静かに地中にねむらせておいたままで発掘されていると考えないのか。

理論的にみるなら、金の効用は、それが政府の不正をくいとめる守りとなる点にある。そしてこのことは、もし危機に際しても強制的に政府を金に固執させる方法があるなら、絶対的にあてはまることだろうが、実をいえば政府というものは、金を廃棄するのが好都合である時は、いつも金を廃棄する。この前の大戦に参加したヨーロッパの国々はいずれも、通貨の価値を切り下げ、それによって借金の一部の支払いを拒否した。ドイツやオーストリアは、インフレーションによって、国内の借金全部の支払いを拒絶した。フランスは、一フランの価値を前の価値の五分の一に切り下げて、フランで見積った政府のあらゆる借金の五分の四の支払いを拒絶した。英貨一ポンドは、どうみても金ではかった前の価値の約四分の三である。ロシア人は、自分たちの借金を支払わないとはっきりいったが、これは評判がよくない。体裁のよい拒絶の仕方をするには、或る程度の礼儀《エティケット》が必要である。

実際のところ、政府は、世の人々のように、借金を支払うことが利益になるなら支払い、ならないなら支払わないものである。純粋な法的保証、例えば金本位制のようなものは、さし迫った時は役に立たず、そうでない時には必要でない。個人は、再び借りることを希望することもありそうであるし、また借りることができそうである限り、正直に支払うことが有利だと気づくが、信用をなくしてしまったなら、夜逃げした方が有利だと思うだろう。政府のその人民に対する立場は、外国に対してとる立場と違っている。政府の握っている人民は、そのなすままになっているので、再び金を借りようと思う以外は、人民に対して正直にする心持はない。戦後のドイツで起ったように、国内で金を借りる見込がなくなってしまった場合は、自分の国の通貨を無価値にして、内国債をすっかり償却することはその国のとくになる。だが国外の負債は話が違う。ロシア人が外国に対する負債の支払いを中止した場合は、文明世界全体を向うにまわした戦争、しかも残忍な敵愾心のこもった宣伝を伴う戦争を引受けなければならなかった。大多数の国家は、このようなことに直面することができないから、国外の負債について用心深くなる。この気持が、政府に金を貸す場合は安全性があるという具合にするので、金本位制がそうするのではない。この安全性はたよりないものだが、国際政府ができないうちは、改善することはできない。

経済上の取引がどの程度武力によっているか、一般的にいって究められていない。富を自分のものにすることは、一部分は熟練したビジネスの腕前によっているが、その熟練は、陸海軍の勇敢な行為のわく内だけで、ものをいうものである。ニューヨークをオランダ人がインディアンからとりあげ、それをイギリス人がオランダ人からとりあげ、最後にアメリカ人がイギリス人からとりあげたのは、武力を行使したからである。石油がアメリカで発見された時は、それはアメリカ市民のものとなった。だが、アメリカほど力がない或る国に発見されると、どうしてもその所有権はいずれかの列強の市民の掌中におちる。こういう結果になる経過は、普通は姿をかえているが、背後には、戦争手段に訴えるぞという脅威がひそんでおり、これこそ接衝を決定させるものである。

石油についていえることは、同様に通貨や債貨にもあてはまる。通貨を引き下げ、債務支払いを拒絶することが、或る政府の利益であるなら、そうする。国家によっては、事実、借金を支払うことが道徳的にみて大切だと大騒ぎしているが、そんな国家は債権者となっている国家である。この国家のいうことを、債務者である国家が謹んで承っている場合は、いつも債権者たる国家に力があるからで、彼らに倫理的にひとを説得する力があるからではない。したがって、安定した通貨を確保する道は唯一つあるだけで、それは、形式の上でなくても、実際上、有力な武力を持った単一の世界政府を持つことである。この政府は通貨を安定する利権を持っており、平均した商品に換算される一定の購買力を持った通貨をきめることができよう。こうすることが、唯一つの本当の安定性であり、金にはこれがない。また有力な国家は、切迫した時代には、ますます金にたよらない。金が通貨を安定するという議論は、どの点からみても誤謬である。

自分こそは、冷静な現実家だと考えている人々から、実業家は一般に金持になることを望んでいるものだということを、何回となくきいて来た。しかし私が観察した結果、このような確信を私に語ってくれた人々は、実際家であるどころか、感情的な観念論者で、自分たちが住んでいる世界の最も明白な事実を全く知らないと信ぜざるを得なくなった。実業家が金持になろうと望む心が、実際に他人を貧乏のままにしておこうとする心より強いなら、世界はたちまち天国になってしまうだろう。銀行業や通貨が立派な例を示している。安定した通貨を持ち、信用を確保することは、実業社会全体の一般的な利益となるものである。この二つの切実な要望をかなえるには、世界にただ一つの中央銀行を設け、通貨を一つだけにすることが必要であることはいうまでもない。そしてこの通貨は、平均物価をできるだけ狂いないようにするようにしくまれた紙幣でなければならない。かような通貨は、金準備にたよる必要はないが、中央銀行だけを財政上の機関としている世界政府の信用をたよりとする必要があろう。こういうことはすべて非常にはっきりしたことだから、三歳の童子でも理解することができる。それなのに、こういうことは一つも、実業家たちはいい出さない。なぜであるか。それは国家主義のせいである。換言すれば、彼らが自分を富ますことよりも、他国人を貧しくしておく方に、一生けんめいであるからである。

外の理由は、生産者の心理である。金銭が役に立つのは、ただ品物と換えることができるからだということは真理と思われるのに、このことを理性的にばかりでなく感情的にも本当だとしている人は殆んどいない。殆んどすべての取引で、売り手は買い手よりも満足している。あなたが一足の靴を買う場合、販売術のすべてのからくりは、あなたに向けられ、靴を売りつけたものは、ちょっとした勝利を得たように感じている。その一方、あなたは、「たべることもならず、着物として使うこともできないこんな紙の不潔できたない切っぱしを捨てさり、その代りに気持のいい新しい靴一足を手にいれるとは、何とすばらしいことよ」などとは、独りごとにもいわない。私たちは、ものを買うことを売ることに比較して大切でないと考えている。ただ供給が少い場合は例外である。老大家の作品を買う人は、それを売る人より満足している。だが老大家が生存している時は、その人が画を売って満足する方が、彼のパトロンが画を買って満足するよりも確かに強い。買う方よりも売る方をこのむようになる心理的根拠は、快楽よりも権力を好むということである。だがこれは誰でも持っているという特質ではない。浪費家というものがあって、短いが愉快な生活を愛している。それはそれとして、競争時代にふさわしい精力的で成功した人々の特質である。大部分の富を相続していた時代をみると、生産者の心理は今日ほど力強くなかった。この生産者の心理のために、買うことよりも売る方に熱心になり、政府はすべての国家が売り手で、買い手の国家が一つもない世界を創造しようとする笑うべき企てをするようになる。

生産者の心理は、経済関係と他の関係を区別する事情、即ち経済関係にだけあって他の関係にはない事情によって複雑になる。あなたが或る商品を生産し売るとするなら、特にあなたにとって大切な二群の人間がいる。即ちあなたの競争者と顧客である。あなたの競争者は、あなたに損害を加えるが、あなたの顧客は、あなたに利益を与える。あなたの競争者は、はっきりしており、比較的数が少いけれど、あなたの顧客は、散らばっていて、大方はわからない。そのために、あなたは、顧客よりも競争者の方をよけいに意識する傾向になる。こういうことは、あなたがた自身のグループの中ではあてはまらないかもしれないが、外国のグループが関係する場合にあてはまることはまず確かである。それで外国のグループは、私たち自身のグループに反対する経済上の利害関係を持っていると考えるようになる。保護関税は必要だとする信念は、この原因から起る。外国を顧客とすることができると考えるよりも、外国むしろ生産における競争者とみなしている。それで人々は、進んで外国の市場を失い、外国との競争をさけようとしている。昔、或る小さな町に、一人の肉屋がいた。彼は、ほかの肉屋たちが自分のお客をとってしまったので憤慨した。その肉屋たちをやっつけてしまうために、彼は全町民を菜食主義に転向させたが、その結果、自分の商売も駄目になったことに気づいて驚いた。この肉屋の愚かさ加減は、うそのようであるが、それでも列強諸国の愚かさよりひどくはない。誰でも、外国貿易は他国を富ますものだとみており、したがって関税を設けて、外国貿易をぶちこわしている。そして競争者と同じように自分たちも損害を受けたことを発見して驚いている。取引は相互的のものであり、我が国に売りつける外国は、また直接にか間接にか、我が国よりものを買うものであることを誰も思い出さない。なぜこういうことを思い出さないかというと、その理由は、外国に対する憎悪心のために、外国貿易が関係する範囲をはっきり考えることができなくなった所にある。

大英帝国では、金持と貧乏人の争いは、大戦終了後、政党分離のもととなっているが、このおかげでまた大多数の産業家は、当面の問題を理解することができなくなってしまった。財政は富を意味している以上、すべての金持は銀行家や金融業者の指示に従う傾向がある。しかし実際は、銀行家の利害は、産業家の利害と反対である。即ちデフレーションは銀行家の気にいるが、イギリスの産業を麻痺させた。そこでもし賃銀労働者が投票権を持っていなかったなら、大戦以後のイギリスの政治は、確かに財政家と実業家のひどい闘争になっていただろうと思う。しかし実状をいうなら、財政家と実業家は結んで賃銀労働者にあたり、実業家は財政家を支持し、国家は滅亡に瀕した。この国家の滅亡を救った唯一の事実は、財政家をフランス人が退けたことである。

大英帝国ばかりでなく、世界を通じて、財政家の利害は近来、一般大衆の利害と相反するようになってきた。この事情は、ひとりでに改まるという具合ではない。近代社会は、その財政状態を、ただ財政家の利害だけ念頭におき、他の人々に対するその影響を顧みずやりくっていくとするなら、繁栄する気配はない。こういう事態のとき、財政家が自分たちのもうけを勝手に追求するままにしておくのはよろしくない。これができるくらいなら、管理者にもうけさせるために、博物館を経営することも同じくできそうなものである。管理者が、所蔵品に高値をつける人にぶっつかる時は、いつもその品物を勝手に売るままにさせてである。およそ世の中の活動には、個人の利益を求める動機が、全体として一般大衆の利益を増すことになるものと、そうでないものとがある。財政は、過去はどうであったろうとも、今日では明らかに後者に属する。その結果、財政について、政府の干渉がいよいよ必要になって来る。そこで、財政と産業とをひとつのものを形成している部分とみなし、財政の部分だけの利益を別にせず、その全体の利益を最大にするようにねらうことが大切になってくるだろう。財政と産業が独立している場合は、前者は後者より力が強いが、しかし産業の利益は、財政の利益よりも社会の利益にはるかにぴったりと一致する。世界が財政の産業にまさる力のために今日のような苦境におちいって来たのは、この理由からである。

少数のものが多数のものを抑える権力をかちえた場合は、いつも多数のものを支配する或る迷信の助けを受けている。古代エジプトの僧侶は、今なお大衆の恐怖の的である日食を予言する方法を発見した。このやり口で、僧侶たちは、他の方法では得られなかった進物と権力をゆすりとることができた。王は神聖視されていたので、クロンウェル（Cromwell, Oliver 一五九九―一六五八。ケンブリッジ大学卒、一六四二年、内乱が起るや、議会軍に属し活動し、その指揮官となる。四七年チャールスと議会を調停したが、四八年内乱が再発すると、ウェールズ、スコットランドを破り、四九年チャールスを死刑にし、共和政をしく）がチャールス一世の首をはねた時は、瀆聖罪をおかしたとされた。今日では、財政家は、迷信的な黄金崇拝をたのみの綱としている。普通の市民は、金準備、紙幣発行、インフレーション、デフレーション、レフレーションその他わけのわからぬ言葉をきかされると、畏れかしこまり黙ってしまう。こういう事がらについて、すらすら話をかわせる人なら誰でも、非常に知慧のある人だと思い、自分が聞いたことはどういうことかとたずねる勇気もない。また普通の市民は、金のはたらきはどんなものか説明するとなると困ってしまうけれど、とにかく近代の取引では、金はいかに小さな役割しか演じていないか見きわめていない。ただぼんやりと、自分の国が多量の金を持っているなら、一段と安全らしいという気がしているので、金準備がふえると喜び、減ると悲しんでいる。

一般大衆の側に、こういうふうに起る無知な尊敬心こそ、財政家が民主主義によって拘束されないでいるためには、まさしく必要とするものである。勿論、財政家には、他にも輿論をとりあつかうのに有利な点がある。財政家は非常に金持だから、大学に寄付し、学界の輿論の最も有力なものが確実に自分に追従するようにすることができる。財閥政治の首領であるので、共産主義を恐れてどうにもならなくなっている政治思想の持主たちにとって指導者と仰がれるのは自然である。経済的権力の所有者であるから、思うままに全国民を繁栄させたり、滅亡させたりすることができる。だがかような武器はいずれも迷信の助けがなければ、十分に活用されるかどうか疑わしい。経済学は男、女、子供のすべてにとって重要であるけれど、この学科は殆んど学校で教えることなく、大学ですら少数の人が学習するだけである。それればかりでなく、その少数の人がその学科を学ぶ様子は、政治上の利益が危くない場合に学ぶのと違っている。その学科を財閥的偏見をまじえずに教える少数の研究所はあるが、真に少い。一般に、この学科は経済的にみた現状を讃美するように教えている。以上のすべてのことがらは、私の考によると、迷信と神秘は財政力を握っているものに有用であるという事実と密接に関係している。

財政上の悩みは、軍事と同様、専門的な技能を持っている人々の殆んどすべてにわたって、社会の利益に逆行する傾向があることである。軍縮会議があると、その会議の成功を妨げる主なものは、陸海軍の専門家である。そうなるのは、この人々が不正直であるというのではなくて、彼らにしみこんだ先入主のために、適切な見方で軍備に関する問題をみることができないからである。これとちょうど同じことが財政についてもいえる。現在の組織で金もうけに従事しており、したがって全く公平無私な考をすることができない専門家以外は、殆んど誰も財政について知っていない。この事態をなおそうとするには、世界の民衆に、財政の重要なことを知らせ、その上で財政の原理を広く理解させるために、その原理を簡単にする方法を発見することが必要であろう。これはなまやさしいことでないことは、わかっているが、不可能だとは思われない。私たちの時代で、民主主義の成功を阻害するものの一つは、現代社会の複雑のことで、そのために、男女一般の人々が、政治上の問題について、筋のとおった意見をたてたり、どの専門家の判断が最も尊敬する値打があるかきめることがいよいよむつかしくなる。この悩みをなおす方法は、教育を向上させ、社会の構造を説明する方法で、現在はやっているのより、もっとわかり易い方法を発見することである。役に立つ民主主義を信奉するものは誰でもこの改革に味方するはずである。しかしながら、シャムや蒙古も奥地の方でなければ、民主主義の信奉者は残っていない。

第五章　ファシズム由来

現代と（例えば）ジョージ一世（イギリス王。一六六〇—一七二七。在位は一七一四—一七二七。選挙侯エルネスト・アウグストスの子、アン女王についでイギリス王となる）の時代と比較すると、その知性に深刻な変化があるのに気づく。これにともなって政治の様子にもそれに相当した変化が起っている。或る意味では、二百年前のものの見方は、「理性的」といえようし、現代特有のものの見方は、「反理性」的ということができよう。だが私はこれらの合理的とか非合理的だとかいう語を使う際、一方の気質だけをそっくりみとめ、他方の気質をそっくり否定することはしたくない。更にまた、政治的なことがらは、それより前の時代の思索にまねるのが多いことを記憶しておくことが大切である。一般的にみて、或る説がひろまるのとそれが実際の効果を現わすまでには、相当の期間があるからである。一八六〇年のイギリスの政治は、一七七六年（アダム・スミスはこの年富国論を公けにした）に、アダム・スミスが唱えた思想に支配されたし、今日のドイツの政治は、一八〇七年（一八〇八年にかけて、フィヒテはベルリン大学で「ドイツ国民に告ぐ」を講じた）の主張した説の実現であり、一九一七年来のロシアの政治は、共産党宣言の理論を具体化している。この宣言は、一八四八年のものなのである。こういうわけで現代を理解するには、かなり昔にさかのぼることが必要である。

政治理論がひろがるのには、原則として二つのまるで違った種類の原因がある。その一つは、知的な面で先達がいることである。即ちそれより以前の説から、発展するかそれに対する反動によるかして、大きくなってきた説を唱導する人々がいることである。その二つは、或る気分をかもし出す考えを民衆がとるように予めしむける経済的、政治的な事情があることである。さてよくあることだが、知的な先達を無視すると、この事情だけでは十分説明ができない。私たちに関係する特殊な場合をみると、戦後のあらゆる部門の人々は、不満足を感ずる確かな根拠があり、そのため、ずっと昔創った或る一般的な哲学に彼らは同感してしまう。私はまずその哲学を考究し、ついでそれがなぜ現在の人気を得たか、その理由にふれようともくろんでいる。

理性に対する反逆は、推理に対する反逆として始まった。ニュートンが人心を支配した十八世紀の前半では、知識を得る道は、簡単な一般的法則を発見することだという信念がひろまっていた。その法則から、演繹《えんえき》的な推理で結論が引き出されるというのである。この場合、多くの人々は、ニュートンの引力の法則が、一世紀にわたる注意深い観察に基いていることを忘れ、一般的法則は、直覚で自然に発見されると想っていた。それで当時は自然宗教、自然法、自然道徳等が輩出した。これらの事項は、ユークリッド式に、自明の公理に基いて証明する推理で成り立つと考えられていた。こういう見解から生れた政治上の産物は、アメリカ及びフランスの革命にあたり、よく説かれた人権の説であった。

だが理性の殿堂が完成間近だと思われたその大切な時に、地雷がしかけられ、そのため、結局建物そっくり空高く吹きとばされた。地雷をしかけた人は、ダヴィッド・ヒュームであった。彼の一七三九年出版にかかる人間本性論には、副題として「精神的問題に、経験的論究方法を導入する一つの試み」という名がついている。この書物によると、彼の意図はすっかりわかるが、彼のした仕事はただ半分だけわかるにすぎない。彼の意図は表向きは自明の公理に基く演繹法を捨てて、観察と帰納法をこれに代えようとするのである。彼は、その気質をみると、アリストテレス的傾向というよりもむしろベーコン的傾向の人物であったが、完全な理性主義者であった。だが彼には、知的な公正さと鋭さが、殆んど前例をみないほど完全に一緒にそなわっていたので、ふみにじるような或る結論を出すようになった。それは、帰納法は論理的に正しいと証明することができない習慣であり、また因果律を信ずるのは、迷信とたいして変りはないという結論である。したがって、科学は神学とともに格さげして、虚妄の希望や不合理な確信の投げこみ場所としなければならないことになった。

ヒュームには、理性主義と懐疑主義が、なかよく肩をならべている。懐疑主義は研究のためにだけあるもので、実際生活の仕事では、忘れなければならないものであった。そればかりでなく、実際生活は、できるだけ、彼の懐疑主義が非難している当の科学の方法で、支配すべきものであった。かような妥協ができたのは、哲学者と俗人半々である人だけに限っている。そしてまた、新奇なものに対してひそかな不信を抱いている点には、貴族的な保守主義のおもむきがある。およそ世人はヒュームの学説をそっくり承認しようとしなかった。彼の教えを奉ずる者は、その懐疑主義を受けつがなかったが、一方ドイツのヒュームに反対するものは、彼の懐疑主義は、単なる科学的理性的な見方をする以上、やむを得ない結果だと強調した。こうして、彼の教えの結果として、イギリス哲学は、うわすべりのものとなったが、一方ドイツ哲学は反理性的となった。――この二つのどちらの場合も、がまんならぬ不可知論となるのを恐れて、そうなったのである。ヨーロッパの思想界は、昔のひたむきな態度を決して取りもどすことはなかった。ヒュームの後継者のなかまでは、例外なく、正気とは上すべりのこととなり、深刻とはいくらか気ちがいじみていることとなった。量子物理学特有の理論に関する最近の討論でも、ヒュームの起した古い議論が今なお続いている。

ドイツ独特の哲学は、カントで始まっているし、またヒュームに対する反動として始まっている（ヒュームの懐疑主義を吟味し、これに反対する意味）。カントは、因果律、神、霊魂不滅、道徳律を信ずる決心をしたが、ヒュームの哲学によると、こういうものはすべて成り立ちにくくなると悟った。だから、彼は「純粋」理性と「実践」理性を区別することを考え出した。「純粋」理性は証明されるものだけに関係しており、それはたいしたものではなかったが、「実践」理性は、道徳のためになくてはならぬものに関係しており、それは貴重なものであった。勿論、「純粋」理性は、単に理性であるけれど、「実践」理性は、偏見であったことはいうまでもない。こういうことをして、カントは、哲学の中に、理論的な合理性の圏外に存在すると考えられる或るものに訴えることを再び持ちこんだ。こういう訴えは、スコラ哲学（理論を基として神を把握しようとする）が起って以来各学派から追い払われてしまっていたのだ。

私たちの見方によると、カントよりもっと重要な人物は、彼の直接の後継者フィヒテである。彼は、哲学から政治に移って、国家社会主義に発展している運動を始めた。だが、彼について語る前に、「理性」の概念についてもっというべきことがある。

ヒュームに対する答弁を見出すことができないことを考え合わせると、「理性」は、もはやなにか絶対的なもの、それから少しでも離れると理論的な根拠によって非難されるようなものとみなすことはできない。それにもかかわらず、（例えば）根本的に哲学的な気持の持主と初期マホメット教信者の間には、明らかに相違がある。しかも重要な相違である。前者の心持を理性的といい、後者の心持を非理性的というなら、近世にも不合理が育っていることは、明らかである。

実際、理性だと私たちが考えているものの定義は、三つの特質で示されると思う。第一に、理性は権力よりも説得にたよっている。第二に、理性は論証によって説得しようとする。その場合、この論証を使う人は、それが完全に正しいと信じている必要がある。第三に、意見をたてる時、理性はできるだけ多くの観察と帰納を用い、直観はなるべく用い方を少くしようとする。このうちの第一の法則によって、異端審問所は否定され、第二の法則によっては、イギリスの戦争宣伝にみるような方法は除かれる。しかるにこれをば、ヒトラーが讃美しているのは、「宣伝が捉えようとする群集の人数が多くなるにつれ、その精神的な品位はどうしてもずっと下落する」という根拠からである。第三の法則は、アンドリュー・ジャクソン大統領（第七代アメリカ大統領、ニュー・オルリーンズでイギリスを破る）のミシシッピー河に関して立てたような大前提を使うことを禁じている。その大前提というのは、「宇宙の神は、この大きな渓谷が一つの国民のものになることを望み給う」というので、彼や彼の聞手にはわかりきったことだが、それを疑うものに証明することは、なみたいていではない。

このように定義してくると、理性にたよるのは、自分と自分の話をきく相手の間に、利害と立場の面で、共通点がいくらかあることを予定している。ボンド夫人が自分の飼っているあひるに向って、「ここに来て殺されなさい。というのはお前をつめものにして、お客さんにおなか一杯になって貰わなければならないから」と呼びかける場合は、なるほどあひるにこのことを試みようとしたのである。しかし一般に理性に訴えることは、私たちが貪りたべようと思うものを相手としては、効果はないようだ。肉食を悪いことではないと信じている人々は、一匹の羊でもそれがもっともだと思うようにする論証を求めようとはしない。それでニーチェは、自分から「ぶざまで見苦しい奴」と呼んでいる群集を説得しようとしない。またマルクスは資本家の援助を求めようとはしない。かような例が示すように、理性に訴えることは、権力が寡頭政治当事者のものと限られていて誰もあやしまない時が、一そう容易である。十八世紀のイギリスでは、ただ貴族やその仲間の意見だけが大切で、いつもそれは合理的な形で他の貴族に示すことができた。政治を構成するものが多くなり、異分子がふえてくると、理性に訴えることがいよいよむつかしくなってくる。なぜかというと、誰しも承認する仮定で、一致するもととなるものがいよいよ少くなって来るからである。こういう仮定がみつけられないと、人々はどうしても自分の直覚にたよるようになる。そしてグループが違うにつれて、その直覚も違うので、それにたよっていると、闘争と権力政治を引きおこす。

この意味での、理性に対する反逆は、歴史上しばしば起る現象である。初期の仏教は理性的であるが、その後期の有様及びインドで初期仏教にとってかわったヒンズー教は、そうでない。古代ギリシアでは、オルフェウス教徒（オルフェウスは前一二〇〇年頃のトラキアの詩人音楽家。彼がかなでる竪琴の音には、動物まできゝほれたという。また密教的宗教を起したといわれる）は、ホーマーの合理性に反対していた。ソクラテスからマルクス・アウレリウス（ローマ皇帝。一二一―一八〇。在位は一六一―一八〇。ゲルマン侵入の難局にあたり、外征内治につくす。ストア哲学者、その著自省録は有名）に至るまでの古代世界の偉材は、主として理性的であった。マルクス・アウレリウス以後は、保守的な新プラトン主義者でも、その心は迷信そのものであった。マホメット教徒の世界を別にすると、理性の要求は、十一世紀までは声をひそめていたが、その後、スコラ哲学、文芸復興や科学によって、その要求は次第に有力になって来た。それに対する反動がルソーやウェスリー（Wesley, John 一七〇三―一七九一。神学者、牧師、弟チャールズとともにメソジスト派を起す）の手によって起ってきたが、それは十九世紀において科学と機械が勝利をしめたため に抑えられた。理性を信ずる心は、一八六〇年代に頂点に達し、それから次第に衰えていき、今なおそれが続いている。理性主義と反理性主義は、ギリシア文明の始めより、肩をならべており、そのうちのどちらか一方が、完全に優勢になるように見えた時は、いつも反動によって反対の一方が新しく突発する具合になっていた。

近世の理性に対する反逆は、一つの重要な点で、その大部分の前例と違っている。オルフェウス教徒以降、昔の人の一般の目標は、救済——善と幸福の両方を含んだ複雑な考え——であり、これを果すものは、原則として、或る守りにくい克己心であった。しかし現代の非合理主義者たちは、救済をめざさないで、権力をねらっている。こういうわけで彼らは、キリスト教倫理、仏教倫理と正反対の倫理を発展させ、自分たちの支配欲のため、当然のなりゆきとして政治にまきこまれる。著述家のうちで彼らの系譜にのるのは、フィヒテ、カーライル、マッチニ（Mazzini, Giuseppe 一八〇五—一八七二。イタリアの解放と統一をめざす革命運動家。ガリバルディ、カヴールとともにイタリア統一の三傑といわれる）がある。——それにトライチケ（Treitschke, Heinrich von 一八三四—一八九六。歴史家。徹底したプロイセン主義を奉じ、軍国主義、国家権力説を唱え、近代ドイツ発展の精神的基礎をつくった）、ルジャード・キップリング（Kipling, Rudyard 一八六五—一九三六。ボンベイに生る。『ジャングル・ブック』で有名、イギリス帝国主義を鼓吹した愛国的作家）、ヒューストン・チェンバレン（Chamberlain, Houston 一八五五—一九二七。イギリス生れの社会学者、ドイツに帰化す。アーリア人種文化に絶対価値を認め、ナチス世界観の基礎をつくった）やベルグソンがその支持者として加わる。この運動に正面から反対するものとして、ベンサム一派や社会主義者があり、この二つは、一つの団体の両翼と考えられよう。両方とも世界主義者で、民主的であり、ともに経済的な自己の利益に訴えている。彼ら同士のうちわの相違は、手段にあるので、目的に関するものではない。これと反対に、（今のところ）ヒトラーで最高に達している新しい運動は、この両者と目的についてみても違っているし、またキリスト教文明のすべての伝統とも違っている。

政治家が追求すべき目的で、ファシズムを育てあげた非合理主義者の殆んどすべてが認めているようなものは、ニーチェが最もはっきり述べている。彼は、功利主義者とは勿論、キリスト教にも明白に意識して反対し、幸福と「最大多数」の両方に関するベンサムの説をしりぞけた。彼はこういう、「人間は、目的とみるより手段とすべきものである。……人間は実験的な材料にすぎない」。彼が唱える目的は、世にまれな一個の人間の偉大を求めることである。即ち「目標は、偉大という巨大なエネルギーを獲得することである。このエネルギーは、訓練とまたぶざまなみにくい数百万の人々を全滅することによって、未来の人間をかたちづくるものであり、しかもその場合生ずる苦痛をみてつぶれないでおれるものであって、かようなエネルギーは今まで見受けることはなかった」。こういう風に目的を考えることは、他と関係なしでそれだけで、理性にそむくとは思えないとみるべきである。なぜなら、目的の問題は、合理的に論議するのにふさわしくないからである。私たちはこの目的の考え方を嫌うこともあろう——私は少くとも好まない。——だがニーチェがそれを証明することができないように、私たちはそれを弁駁することはできない。それにもかかわらず、このような目的には、不合理性と自然に結びつく傾向がある。というのは、理性は公平でなければならないが、偉人礼讃には、つねに前提として「私は偉人である」という主張がつきまとっているからである。

ファシズムの生い立ったもとになる思想の流派をうち立てた人々には、すべて或る共通した特質がある。彼らは、善を感情或いは認識に求めるよりもむしろ意志に求めている。また彼らは幸福より権力を尊重し、平和よりも戦争を、民主政治より貴族政治を、科学的に公平な態度よりも宣伝を好んでいる。彼らは、キリスト教式の厳格に正反対のようなスパルタ式厳格を鼓吹する。換言すれば、彼らは厳格というものを他人を支配する手段と考えており、道徳と来るべき世界にだけある幸福とを生む助けとなる自律とは考えない。彼らの中で、比較的近世のものには、通俗的な進化論がしみこんでおり、生存競争をより高級な種族を生み出すものとみている。しかしそれは、自由競争の使徒が主張するように、個人間の争いよりもむしろ人種間の争いとなるものである。快楽や知識は、それを目的と考えると、彼らにとってはあまりにおとなしすぎるように思われるのである。彼らは、快楽の代りに栄誉を、知識の代りに自分たちが望むものは真であるという実際的な主張を立てている。フィヒテ、カーライルやマッチニをみると、これらの説をまだ従来の道徳家らしい装いの下に述べているが、ニーチェとなると、これは、はじめてむき出しに厚かましく現われている。

フィヒテは、この偉大な運動を起したことについて、当然受けるべき評判をたててもらっていない。彼ははじめ抽象的な形而上学者として現われたが、その時でも或る程度のわがままで自己中心の傾向を示した。彼の哲学はすべて「我は我である」という命題から発展する。これについて彼はいう。

「自我は自身を定立するし、自己自身によるこの単なる定立の結果、自我は在る。自我は、働くものであると同時に、活動の産物であり、能動的なものであると同時に、能動性によって生み出されている。我が在るということは、一つの事行（Tathandlung）を示している。自我は、自身を定立しているから、在る」（全知識学の基礎）

この説によると、自我は自我が存在しようと望むから存在する。ついで直ちに、非我はまた、自我がそれが存在することを望むから、存在するように思われてくる。だがそうして生み出された非我は、事実、それを定立することにきめた自我と決して無縁とならない。ルイ十四世は「我が在ることが、我である」といった。フィヒテは「宇宙は我自身である」といった。この意味は、ハイネがカントとロベスピエールを比較して「あなた方フランス人は、私たちドイツ人に比較すると、おとなしく控え目である」といったのに通じている。なるほどフィヒテは、しばらくして、自分が「我」という時は、「神」をさしていると説明したが、読者はすっかりは安心しなかった。

イエナ戦争の結果、フィヒテがベルリンより逃れなければならなくなった時、彼は、自分があまり力強く非我をナポレオンの姿に定立しすぎていたとやっと考え始めた。一八〇七年に帰ってくると、彼は有名な「ドイツ国民に告ぐ」を演説した。そのなかに初めて国家主義の完全な信条が示されている。この演説は、冒頭で、ドイツ人が他のすべての近代民族よりすぐれているのは、ドイツ人だけが純粋な言語を持っているからだと説明している（エスキモー人、ホッテントット人はいうまでもなく、ロシア人、トルコ人及び中国人も純粋な言語を持っているが、それらをフィヒテの史書では言及していない）。ドイツ語が純粋であるために、ドイツ人だけが奥深い人間になれる。そして彼は「品格らしい品格を持つこととドイツ人であることは、疑いもなく同じ意味である」と結んでいる。だがドイツ人の品格が外国のものをくさらす影響を受けないようにするためなら、そしてまた、ドイツ国民が全体として活動することができるようにするためなら、一新した教育を施さなければならない。この教育は、「ドイツ人を一つの協同体につくり上げるだろう」。彼はこういう、この新教育は、

「根本的にみると、次の点から成立していなければならない。それは、この教育は意志の自由を完全に滅ぼすことである」。彼はさらに、意志は「人間の真の根元である」といいそえている。

国外との通商は、絶対的に避けられないもの以外は、すべきではない。「国民皆兵の制度を設けるべきである。即ち誰でも、物質的に安楽な生活をするためにでなく、自由のためでもなく、憲法を守るためでもなく、気高い愛国心の、ものをのみつくす熱情の衝動のままに戦う義務が課せられている。そしてこの衝動は、永遠なる神の衣のように国民をつつみこんでおり、またこの衝動のため、心の気高い人はよろこんで自分自身を犠牲にし、また他人のためにだけ生きている卑しい人も自身を犠牲にする」。

高貴な人が、人類の目的であり、卑しい人は、自分だけでは独立した要求を持てないというこの説こそ、近代人が民主主義を攻撃する考えの中心となる。キリスト教は、あらゆる人間は不朽の魂を持っているから、その点ですべての人は平等であると教えた。「人権」とは、全くキリスト教理の発展したものであった。功利主義は各個人に絶対の「権利」を与えないとともに、各人の幸福を同じように尊重した。こういう具合にして、功利主義は、かの天賦人権説が民主主義となったように、民主主義となった。だがフィヒテは、政治的にみたカルヴィン（Calvin, Jean 一五〇九―一五六四。スイスの宗教改革家、独裁的な権力で、新教主義に基く神政政治を強行した）といったもののように、或る人々を神に選ばれたものとしてとりあげ、他の人々は、すべてとるに足らぬものとして捨て去った。勿論、誰が神に選ばれたものであるか知ることはむつかしい。フィヒテの説を一般に認めている世界では、どの人も自分が「貴いもの」であると考え、自分の「貴さ」のいく分かをわかち持っていると思われるほど自分によく似ている人々が形成する一団に加わる。この人々は、フィヒテの場合のように、自国民であろうし、或いは、プロレタリアの共産主義者の場合のように、自分の階級であろうし、ナポレオンに見るように、自分の家族であることもあろう。戦いで勝利を占める以外には、「貴い」ことを示す客観的標準はない。したがって戦いは、この信条から必ず生れて来る産物である。

カーライルの人生観は、主としてフィヒテから出たものである。フィヒテだけがカーライルの考えに最も強い影響を与えたのである。だがカーライルは或る別なものを付け加えた。そしてこれがそれ以来、この一派の特質となっている。それは一種の社会主義であるし、実際、産業主義や新興成金の憎悪のまとであるプロレタリアに気をくばったことである。カーライルは、これを非常にうまくやったので、かのエンゲルスさえだまされた。彼の一八四四年のイギリス労働階級に関する著書では、絶大な讃辞を以てカーライルを語っている。こういう次第であるから、国家社会主義の正面に社会主義の看板がかかっているために、多くの人々がまんまとかつがれたことは、まず不思議なことではない。

事実、今でもカーライルにだまされるものがある。彼の「英雄崇拝」とは、非常に高尚な趣がある。彼はいう。「私たちには選びだした議会はいらないが、『英雄』としての王やあらゆる点で英雄でないことはない一つの世界（カーライルの『過去と現在』に、「人の心をなやますフランス革命、マンチェスターの暴動等の嵐にたえ、神の力によってたどりつく避難港がHero-Kingsやa whole world not unheroicにあるとある）は必要である」。こういうことを理解するには、それを事実に移して説明したものを調べてみなければならない。カーライルは、その著作『過去と現在』で、十二世紀の僧院長サムソンをモデルとしてとりあげている。だがその立派な人物を信用しないで、ブレークロンデのジョセリン（ベネディクト派の僧、セント・エドマンス僧院の年代記を書く）の年代誌を読む人なら誰でも、この僧院長は三百代言的な弁護士の悪徳と暴君的な地主の悪徳を一緒にした無法な悪漢であったことに気づくだろう。カーライルのあげる他の英雄は、少くとも、僧院長と同様に賛成できない人物である。アイルランドでやった、虐殺は、カーライルをして、次のような説明をさせている。「だがオリヴァー（クロンウェルをさす）時代には、私のみるところでは、神のさばきを信ずる心がまだあった。またオリヴァー時代には、ジャン＝ジャックの博愛心から出た『死刑の廃止』という気狂じみたたわごとも、相かわらず罪にみちたこの世にひろく流行する感傷的な気分もなかった。……だが後の腐敗した時代になると始めて、善と悪とをみさかいなくごっちゃにした流行の新案糖蜜にしてしまったようなものが、……我が地上に力をふるうことができる」。その他、フレデリック大王、フランシア博士、エア太守のような彼のあげている英雄の殆んど全部について、どうしてもいっておかなければならないことは、彼ら英雄に共通した一つの特質は、血にうえているということである。

　それでもカーライルを或る意味では、いくらか自由主義であったと思う人は、『過去と現在』にのっている民主主義《デモクラシー》に関する章を読んでみなければならない。その章の大部分を占めているのは、征服王ウィリアム（William, the Conqueror 一〇二七—一〇八七。ノルマンジー公ロベールの庶子、イングランド王ハロルドを破り、自らイングランド王となり、大陸の封建制度を移入した）礼讃と、その時代の農奴が楽しんだ愉快な生活の記述である。それから次の自由の定義が出てくる。「人間の真の自由は、自分で正しい道を発見するか、或いはまた他の強制により、その道を見出してその道を歩むようにさせられることであるといえよう」（二六三頁）。彼は更に進んで、「民主主義とは、あなたを支配する英雄を見出すことをあきらめ、英雄がないことに甘んじてがまんすることだ」という記述に移っている。そして彼はこの章を雄弁で予言めいた言葉で次のように述べてむすんでいる。そのいうところは、民主主義があますところなく発展してなるようになってしまった場合、なお残る問題は、「あなたたちの真に優れた指導者（カーライルは、にせの指導者 Mock-superior の圧迫を除いても、真のすぐれた指導者 Real Superior の政治は残るという）による政治を発見すること」であるというのである。このすべての中に、ヒトラーが賛成しない語が一つとしてあろうか。

マッチニは、カーライルよりおだやかな人物で、英雄崇拝については、カーライルと考えが違っていた。マッチニの礼讃の的となったのは、個々の偉人でなくて、国民であった。そして彼は、イタリアを最高と考えたものの、アイルランド人を除いた他のすべてのヨーロッパ国民が或る役割を演ずることを認めた。しかし彼は、カーライルと同様に、義務を幸福の上位に、集団的な幸福の上にすらおくべきものだと信じた。神は各人の良心に、正しいことを啓示しているから、誰でも自分の心に感じたような道徳律に従うことだけが、絶対に必要だと考えた。彼は、道徳律が命ずるものについては、人が違うにつれ、めいめい本当は意見が違うこと、或いは、彼が実際に求めていることは、自分以外の人々は、その人の啓示にしたがって行為すべきだということであるのを全くさとっていなかった。彼は、「大多数の人々の一票が、明かに最高の道徳的感覚に矛盾しているなら、統治権を構成しない。……民衆の意志は、道徳律をときあかし、適用する場合は、神聖であるし、道徳律から離れ、ただきまぐれに働いている場合は、無力無能である」といって、道徳を民主主義より高いものとした。これはまた、ムッソリニの意見でもある。

それ以来、この派の思想につけ加わって来た重要な要素は、多くはないがたった一つある。それは、「人種」に対する進化論まがいの信仰である。(フィヒテは、ドイツ人の優秀性は言語のせいだとし、生物学的遺伝のこととは考えなかった。)ニーチェは、彼の後継者と違って、国家主義者でもユダヤ人の排斥者でもないので、この説をめいめい違った個人の間に限るものとして適用する。即ち彼は不適当なものを繁殖させまいとし、愛犬家のやり方で、超人という人種を産み出すことを望んだ。そしてこの超人には、あらゆる力を持たせ、そのためになる人間だけ生存をゆるすのである。だが、ニーチェにつづいて出た著者は、これと似た考えを持っているものの、あらゆる優秀性は、自分たちの属する種族に結びついていることを証明しようとして来た。アイルランドの教授たちは著書で、ホーマーはアイルランド人であったことを証明しようとするし、フランスの人類学者たちは、チュートン人でなくケルト人が、北ヨーロッパにおける文化の祖であったという考古学的証明をする。ヒューストン・チェンバレンは、遂にダンテはドイツ人で、キリストはユダヤ人でなかったと論証する。人種を重んずることは、アングロ・インディアン(英印人)のうちにゆきわたっており、その帝国主義者たちから、ルジャード・キプリングを通じて、イギリスは悪影響を受けた。しかしユダヤ人排斥の要素は、イギリスでは著しく目だってはいなかった。もっともイギリス人ヒューストン・チェンバレンは、中世以来、ユダヤ人排斥の要素があったドイツにおいて、改めてこの要素に偽りの歴史的基礎を与えたことには、誰にもまして責任なしとしない。

人種については、政治を抜きにして考えるなら、政治的に重要なことは何も知られていないというだけで十分であろう。そこで人種の間に、発生学的にみて精神上の相違があるということは、あるかもしれない。だが、この相違は何であるか知ることができないことは確かである。成人の場合は、環境の影響で、遺伝の影響は隠されている。そればかりでなく、さまざまのヨーロッパ人の間の人種的差異は、白色・黄色・黒色人種の間の相違ほどはっきりしていない。さまざまの近代ヨーロッパ国民のひとりひとりを見分けることができるような、よく目につく身体的特徴はない。というのは、すべての人が、さまざまな系統のまざって混合した結果生れたものであるからである。どの文明化した国民でも、精神的に優れたものになると、もっともらしい主張をひねくり出すことができる。そしてこのことは、すべての主張はどれも役に立たないことを証明している。ユダヤ人がドイツ人に劣ることもあり得るが、ドイツ人がユダヤ人に劣ることもそれに劣らずあり得る。このような問題に、進化論まがいのわけのわからぬ説をとり入れようとする仕事はすべて全く非科学的である。将来、どんなことがわかってくるかもしれないが、それはさておき、今のところでは、他の人種を犠牲にして、一つの人種を繁栄させたいと思ってもいい立派な根拠は何もない。

フィヒテ以来のすべての運動は、次のような信念によって、自尊心と権力欲をかきたてる手段となっている。その信念とは、こびへつらうことだけを好んで得意とするものである。フィヒテは、自分こそナポレオンより勝れていると思わせてくれる説を必要としたし、カーライルやニーチェは、弱点があったから、それを補うものを空想の世界で求めたし、ルジャード・キプリング時代のイギリスの帝国主義は、優れた産業上の勢力を失ったことを恥じて起ったし、現代のヒトラー主義者の気狂沙汰は、ドイツの自我《エゴー》が、ヴェルサイユの冷たい風に冷えまいとしてまとう神話の外套である。誰でも自尊心が致命的に傷つけられる場合は、正気でものを考えるものではないし、また、色々工夫して或る国を辱しめている人々は、その国が狂人の国となるなら、全く自分のせいだと思わなければならない。

このことからして、私たちが考究して来た不合理な、また反合理でもある説を一般に認めるようになった理由が私にはわかって来た。殆んどの時代にも、あらゆる傾向の予言者が唱えたあらゆる種類の説があるが、人気があがるものには、その時の情勢が生み出した空気に、何か特に訴えるものがなければならない。さて既にわかっている通り、近代の不合理主義者独特の説は、次のようである。思考や感情に正反対なものとしてみた意志を強調すること、権力を讃美すること、観察的帰納的な吟味に正反対のものと考えられることだが、命題を直観的に「定立する」ことをいいことだと信じこむことである。この心情は、航空機のような現代の機械を操縦する習慣のある人々に起る自然的な反動であるし、また、以前よりも権力が少くなったが、もとの優勢をとり戻す合理的な根拠を見出すことができない人々にみる自然の反動である。産業主義や戦争は、機械的な力を用いる習慣をもたらす一方、経済的、政治的な力を大きく移動させ、そのため大きな集団を実際的に出しゃばる気持にならせた。こういう事情からファシズムが育つ。

一九二〇年と一八二〇年の二つの世界を比較すると、次の方面の権力が増加して来たことに気づく。それは、大産業家、賃銀労働者、婦人、異教徒及びユダヤ人である（異教徒と私がいうのは、その国の公認の宗教と違ったものを奉ずる人々をさす）。これと関連して、国王、貴族、聖職者、下層の中産階級、女性と反対の立場にある男性の側では、権力が減退してきた。大産業家は前のどの時代よりも強力になったけれど、社会主義の脅威やそれにもまして特に、モスコーに対する恐怖のために、不安な気持になった。戦争関係者——将軍、提督、飛行家及び兵器商社——も同じ状態である。即ち彼らは当面、強力であるが、ボルシェヴィキーや平和論者の破壊的な連中からおびやかされていた。すでに打ち負かされた方面の人々――国王や貴族、小規模な小売商人、生来、宗教的に寛容な気持になれない人々及び婦人を腕力で抑えた時代を惜しがった人々――は、明らかにおちぶれて、抹殺されたようだ。彼らが近代社会で、経済的文化的に発展する余地はなくなってしまった。だから当然、不満であり、全体としては、その数も多かった。ところで、ニーチェの哲学は、心理的にみると、彼らの精神上の要望にかなっていたし、実業家また軍国主義者は、非常にうまくニーチェ哲学を利用して、この敗退組を集めて、産業や軍事以外のすべての面で、中世謳歌者の反動を支持するような団体をつくった。産業や軍事に関しては、その技術の面では、一切を近代的にしなければならないが、現代の支配者にとって、社会主義者が危険となる結果を起すような権力の分配や平和を求める企てはすべきでなかった。

こうみて来ると、ナチ哲学の非合理的な要素は、政治的にいうなら、すでにもう存在理由がない部門の人々の支持を求める必要から起っているが、その一方、比較的な正気の要素があるのは、産業主義者や軍国主義者のおかげである。前者の要素が「非合理」的であるというのは、例えば、小規模な小売業者は、自分たちの希望を実現する見込みは殆んどなく、気狂いじみた信念こそ、彼らが絶望を逃れる唯一のはけ口であったからである。これと違って産業主義者や軍国主義者の希望は、ファシズムによって実現されるかもしれないが、他の方法ではその見込みは殆んどない。彼らの希望が、ただ文明を破壊することによってかなえられるという事実のために、彼らは非合理的とならず、ただ悪魔的となるだけであった。この人たちはこの運動の要素で、知的には最善のものであるが、道徳的には最悪である。残りの人たちは、栄光、英雄主義、自己犠牲の夢に眩惑され、自分たちの重大な利害にはめくらになってしまい、激発する感情にあおられて、自分自身のものでない目的に使われるままになっている。これがナチズムの精神病理学である。

私は、ファシズムを支持する産業主義者や軍国主義者を正気だといっているが、彼らの正気も比較的なはなしに過ぎない。テエッセンはナチの運動で、社会主義を亡ぼしたり、自分の市場を大いにひろげたり、その両方ができると信じている。しかし、彼を正しいと思う理由がないことは、一九一四年において、彼の先駆者が正しかったと思う理由がないのと同じである。彼としては、ドイツ人の自信や国家主義者的感情を危険な程度まであおりたてることは、当然であり、その最も確実な結果は、負けいくさである。偉大な当初の成功でも、究極の勝利をもたらすものではないし、また二十年前と同じく、今やドイツ政府はアメリカというものを忘れている。

大体からみて、ナチに反対する一つの最も重要な要素がある。もっともそれは反動に味方すると思われていたかもしれないが——これは、私の考えでは、組織化された宗教である。結局においてナチスとなった運動の理論は、或る意味で新教が論理的に発展したものである。フィヒテやカーライルの道徳はカルヴィン教的であり、マッチニは、終世、ローマに反対した人であるが、個人の良心には間違いがないとする徹底したルーテル的な信念を持っていた。ニーチェは個人の価値を熱烈に信じ、英雄は権威に屈すべきでないと考えた。この点で、彼は反抗的な新教徒的精神を発展させていた。新教の教会はナチの運動を歓迎すると考えても差支えなかったろうし、また或る程度はそうした。だが、新教は、それがカトリック教と共通しているあらゆる要素に関する限りでは、この新しいナチの理論から反対を受けていた。ニーチェは、断然、反キリスト教者であり、ヒューストン・チェンバレンは、キリスト教が東方におけるあいのこのコスモポリタンの間に育った堕落した迷信であったと信じているようである。謙遜、隣人愛及び弱きものの権利を否定することは、福音の教にそむくものであり、反ユダヤ主義は、実行する場合は勿論、理論として考えた場合も、ユダヤ人が起した宗教とたやすく折合いがつくものではない。こういう理由で、ナチ精神とキリスト教は、仲よくなることはむつかしいし、この二つの間の敵対関係が、将来、ナチ滅亡を引きおこすことも、あり得ないことではない。

その他、ドイツにおいてにせよ、外のどこかにおいてにせよ、非合理的なものを崇拝する近代人の心は、伝統的な形のキリスト教と両立しない理由が別にある。キリスト教は、ユダヤ教に刺戟されて、真理という考えを、これに関係する信仰の徳とともにとりいれた。この考えや徳は、「正直な疑い」となって残っていた。それはあらゆるキリスト教の徳が、ヴィクトリア朝（ヴィクトリア女王の治世一八三七―一九〇一をさす。選挙法改革、アフガニスタン戦争、チャーチスト問題、アイルランド問題、ブール戦争、クリミヤ戦争等内外の問題を解決して、イギリスの繁栄を示した。ジョン・スチュアート・ミル、ハーバート・スペンサー等が出た）の自由思想家のうちに残っていたのと同じである。だが懐疑主義と広告術の影響で、真理を発見する見込みはなさそうだが、うそを主張することは甚だ有利であるように思われてきた。知的な誠実はこうして滅びた。ヒトラーはナチの綱領を説明して次のようにいう。

「国民国家は、科学を国家の誇をます手段と考えるだろう。世界史ばかりでなく、文化史は、この観念から教えなければならない。発明家は、ただ発明家としてでなく、同胞の一人として偉大に思われるはずだ。すべて偉大な行為に対する讃美には、必ず誇が伴っているはずである。なぜなら、その行為をした幸運の当事者は、我が国民の一員であるからだ。私たちは、ドイツの歴史にあらわれる多くの偉人のうちより最も偉大なものをとり出し、その人たちがゆるがぬ国家主義者の心情の柱となるように、力強い方法で、青年の前に示さなければならない」

科学を真理探求としてみる考え方は、ヒトラーの頭から全く消え失せてしまっているから、彼はその考えを否定する議論さえもしない。誰でも知っているように、相対性原理は、ユダヤ人の発明であるから悪いと考えられるようになった。かの宗教裁判所は、ガリレオの説が真理でないと思ったから、これを排斥したのである。ところがヒトラーは、学説を、真理とか虚偽とかの考えをとり入れないで、政治的な根拠によって、認めたり、拒んだりした。こういう見方を創めたウィリアム・ジェームス（James, William 一八四二—一九一〇。アメリカの哲学者、心理学者。概念的主知的、一的絶対主義に反対し、流動的反主知的相対主義を主張し、自説をプラグマティズムと唱えた。真偽を絶対的なものとせず、実生活の効験によって決定する）でも、この方法の使われた有様をきくなら、あわれにもおじけをふるうだろう。だが、一度客観的真理という概念が捨てられると、「何を私は信ずべきか」という問題は、一九〇七年に私が書いておいたように、「大軍隊の力と審判に訴える」ことによって決められ、神学とか科学とかそのどちらの方法ででも決められないことになる。だから理性に反対する政策をとる国家は、学問と争うばかりでなく、真のキリスト教が残っているなら、至るところで教会とも衝突することになる。

理性に対する反逆を起す一つの重大な素因は、多くの有能で精力的な人々が、自分たちの権力愛のはけ口を持たないために、破壊的になることである。昔のことを考えると、小規模な国家が今より多くの人に政治的権力を与えていたし、小規模な事業より経済力を得る人は今よりも多かった。寝るのは大都会の郊外で、働くのは都内だという莫大な人々のことを考えて見給え。列車でロンドンにやって来る際、小さな邸宅の並んだ多くの地区を通るものである。そこには、労働階級とつながる気持を持たない家族が住んでいる。そしてその家族の主人は、その地方の事がらには何も関係がない。というのは、雇主の命令のままに働いて、終日家にいないからである。彼が主となってやりたいという気持の唯一のはけ口は、週末に裏庭を耕すぐらいのことである。政治的には、彼は労働階級のために設けられた一切のことをうらやんでいるが、紳士気取りのために、貧しいけれども、社会主義や労働組合主義の方法をとれなくなっている。彼の住む郊外の人口は、昔の有名な都市と同じくらいの数があるかもしれない。だがその集団生活は、ものういものであり、それに興味を持つひまもない。かような人に、もしこの不満足をどうかしようとする十分な心意気があるなら、ファシストの運動は、救いの手のようにうつるであろう。

政治の面で、理性が衰えていくのは、次の二つの要因の結果である。即ち一方には、現状の世界では何も活動の余地がなく、さりとて賃銀労働者でないから、社会主義に希望を見出さない階級や種類の人々があり、他方には、自分の利害が社会全体のそれと対立しているために、あらゆる種類のヒステリーをかきたててこそ、自分の勢力を最もよく保持することができる有能有力な人々がいることとである。共産主義に反対すること、外国の軍備を恐れること、外国貿易をきらうようにすることが、その人たちのねらう最も重要な目標である。私は、理性的な人なら誰でも以上の感情を抱くはずはないというつもりはない。ただこの感情が、実際的な問題を理知的に考えることを不可能にするために使われているというのである。世間の人々が最も必要とするのは、社会主義と平和であるが、この二つとも現代の最も有力な人たちの利益とまるで反対である。社会主義と平和に向っていく歩みが、大多数の人々の利益に反するように思わせるのはむつかしいことではなく、こうする最もたやすい方法は、集団ヒステリーを起すことである。社会主義と平和の危険が大であればあるほど、政府はその人民の精神生活を堕落させるし、現在の経済的困難が大であればあるほど、苦しんでいる者は進んで理知的な正気から遠ざかり、人をあざむくたぶらかしもののファシストの一味のがわにひきずりこまれるだろう。

一八四八年以来、たかまって来た国家主義熱は、不合理崇拝の一つの形である。普遍的真理という観念は捨てられた。即ちイギリスの真理、フランスの真理、ドイツの真理、モンテネグロの真理やモナコ公国の真理が出て来る。同様に賃銀労働者の真理と資本家の真理がわかれる。これらの違った「真理」の間に、合理的な話合いで納得させることが駄目だとするなら、それらの真理をとりきめる唯一の方法は、戦争または宣伝家の気違いじみた競争以外見込みはなくなった。私たちの世界をそこなっている国家の間や階級の間の深刻な争いが解決されてしまわないうちは、人類が理性的な心情に戻ることは、殆ど望めないことである。困ったことには、不合理がはびこっているうちは、私たちの悩みの解決は偶然によるより外には、得られないのである。なぜなら、理性は公平であるから、一般的な協力をもたらすが、不合理は個人的、私的な熱情を意味しているために、争いをさけがたいものにするからである。この理由からして、合理性は、真理の普遍的で公平な標準に訴える意味で、人類の安寧幸福にとってこの上もなく重要である。こういうことは、合理性がたやすくひろまる時代にいえるばかりでなく、合理性を、意見の一致をみない場合には相手を殺す程の気力のない人々の、はかない夢としてさげすみ排斥するいっそう不幸な時代においても、なおさら一段とあてはまることである。

第六章　前門の虎、後門の狼——共産主義とファシズム

　現在、共産主義とファシズムだけが、政治的にみて、実際にとることができる道であり、したがってその一方を支持しないものは、結局他方を支持することになる、と多くの人がいっている。しかし私の気持としては、その両方に反対であり、十六世紀にすんでいたなら、新教徒《プロテスタント》にも旧教徒《カトリック》にもなれなかったように、共産主義とファシズムのどちらをも認めることはできない。私はできるだけ簡単に、最初には共産主義に、次にはファシズムに、最後に両方に共通するものに対する反対論を述べようと思う。

　私が「共産主義者」について云々する時は、第三インターナショナルの理論を奉ずる人をさしている。原始キリスト教徒も或る意味では、共産主義者であろうし、中世の多くの宗派もそうであろうが、この意味は今から考えるとあいまいである。私は共産主義者にならない理由を順を追うて述べようと思う。

㈠私は、マルクスの哲学に同意することができない。それにもまして、レーニンの唯物論や経験批判論の哲学にくみすることはできない。私は観念論とは大分遠ざかっているが、でも唯物論者ではない。歴史的変遷に弁証法的必然があるとは信じない。この信念は、マルクスがヘーゲルから、その唯一つの論理的基礎、即ち観念の優位をぬきにして、受けついだものである。マルクスは、人間が発展する次の段階は、或る意味で進歩でなければならないと信じたが、私にはこの信念の理由がわからない。

㈡私は、マルクスの価値説、或いは彼のいい方によると、余剰価値説なるものを承認することはできない。商品の交換価値は、その生産に含まれた労働に比例するという説は、マルクスがリカルドより受けついだものだが、それは、リカルドの地代説によって、本当でないことが明らかにされているし、またながい間、すべての非マルクス主義経済学者の棄てて顧みないものである。余剰価値説は、マルサスの人口論によっているが、これをどこかでマルクスは否定している。一体、マルクスの経済学は、全体として論理的に矛盾なく渾然と一体となっているのではなくて、資本家に反対する立場を明らかにするに都合のいいように、昔の話をとったり捨てたりしてでき上っている。

㈢どんな人でも過失がないと考えるのは、危険である。それは、結論が簡単になりすぎるからである。聖書の言葉にインスピレーションがあるという信仰のため、人々は何かというと聖書を求めすぎるようになっている。だが権威をこんなぐあいに崇拝するのは、科学的精神にそむくものである。

(四)共産主義は民主的でない。共産主義でいう「プロレタリアの独裁」なるものは、実際は、支配階級となる極めて少数者の独裁である。すべて歴史という歴史の示すところによると、政治は、支配階級が自分の権力を失う心配でおびやかされていない限りは、いつもその階級の利益になるように運営されている。このことは歴史の示すことであるばかりでなく、マルクスの教えているところである。共産主義国家の支配階級は、「民主的」国家の資本家階級よりも、はるかに強い権力を持っている。その支配階級は、忠誠を誓う軍隊を持っている限り、自分たちの権力を使って、資本家の利益と同様に有害な利益を独占することができる。その支配階級がいつも一般のためになるように働くと考えるのは、馬鹿げた理想論にすぎないし、またマルクス主義政治心理学にそむいている。

(五)共産主義は、ファシズムを除くどの組織よりも遥かに自由、特に私的自由を制限する。経済力と政治力の二つを完全に結びつけると、人を圧迫する恐ろしい機関を生み出すもので、それには、例外を許す逃げ道はない。かような組織の下では、進歩ということはすぐさまできなくなるだろう。というのは、官僚の本性は、自分たちの権力を増すことでなければ、あらゆる変化に反対するからである。すべて重大な革新ができるのは、全く人気のない、無名の人たちを生き続けていけるようにさせる偶然の事件が何かあるからである。例えば、ケプラーは占星術により、ダーウィンは親ゆずりの財産のおかげで、マルクスはエンゲルスがマンチェスターのプロレタリアを、「搾取」（エンゲルスは、一八四二―一八四四年の間、マンチェスターの父の工場で働いた）したおかげで生活した。人気がなくても生存していけるような機会は、共産主義の下では、あり得ないだろう。

㈥マルクスや流行の共産主義思想には、精神労働者に反対するものとしてみた筋肉労働者を不当に讃美する傾向がある。その結果、多くの頭脳労働者を敵にまわすことになった。彼らは、そういうことがなければ、社会主義の必要を理解しただろうし、また彼らの援助がなければ、社会主義国家の機構は、とてもでき上らない。マルクス主義者は、理論よりも実践の面で、社会的階級のあまり低い所で階級分裂をさせた。

㈦階級闘争を説く場合は、対立する勢力が多少とも均衡状態にあるか、それとも資本家が優勢である時に、その闘争が勃発するようにしているようである。資本家勢力が優勢であるなら、反動の時代が結果として生れる。両方の勢力が、大体伯仲していると、近代的戦争の方法をとるなら、文明の破壊が結果として起るだろう。勿論、資本主義と共産主義のどちらも吹きとんでしまう。私は考えるのだが、民主主義の行われるところでは、社会主義者は、説得することを武器とすべきで、実力を使うのは、彼らに反対するものが実力を非合法的に使うのをくいとめる場合に限るようにすべきである。この方法によると、社会主義者が非常に優勢になれるから、最終戦は簡単で、文明を破壊するようにひどくならずにすむだろう。

(八)マルクスや共産主義は、非常に多くの憎悪心を抱いているから、共産主義者が勝利を占めた場合、害意を吐き出さない組織を作るとは、ちょっと期待されない。したがって人を圧迫することを是《ぜ》とする議論は、勝利者にとっては、実際以上に力強く思われがちである。特に、はげしくどうなるか予測することができない戦いのあげく勝利を得た場合は、そうである。こんな戦いの後は、勝った側はじみちな再建をしようとする気持には、なかなかなれないようだ。マルクス主義者たちもまた戦争には、独特の心理学があること、即ち恐怖から生れ、競争の真の原因から離れてしまっている心理があることを忘れているかにみえる。

共産主義とファシズムのどちらかを選ぶ外実際に道はあるまいという見解は、私のみる所によると、アメリカ、イギリス、フランスにおいて、或いは恐らくイタリア及びドイツにも、あてはまらないようだ。イギリスでは、クロンウェルの下でファシズムの一時期があり、フランスでは、ナポレオンが支配したファシズムの一時期があったが、どちらの場合も、民主主義がついで起るのを、くいとめなかった。政治的に未熟な国民は、将来の政治についての最上の案内者ではない。

私のファシズム反対論は、共産主義に対するものよりいっそう簡単であり、或る意味では、いっそう根強い。共産主義者の目的は、大体において、私の賛成するものである。私が共産主義に賛成しないのは、目的というより手段についてである。だが、ファシズムの場合は、手段も好まないが、同様にその目的をも好まない。

ファシズムは複雑な運動である。そのドイツ型とイタリア型は、大いに違っている。それでもしそれが拡がったなら、他の国ではやはり違った形となるだろう。しかしながら、或る基本的なものがあり、それがないと、ファシズムはファシズムでなくなるだろう。それは、反民主的、国家主義的、資本主義的であり、中産階級のうちで、近代の発展を通じていためつけられており、しかも社会主義や共産主義が確立するなら、いよいよそうされると思っている方面の人たちの心に訴えるものがある。共産主義もまた反民主主義的であるが、ほんのひと時、せめて、その理論的な陳述が、その本当の政策を示すものと考えられる範囲内でそうなのにすぎない。なおまた、共産主義は、賃銀労働者のためにつくすことをめざしている。そしてこの労働者は先進国の人口の大多数を占めているし、また共産主義者は、全人口がこの労働者になるように手をうっている。ファシズムは、もっと根本的な意味で、反民主的である。それは、最大多数の最大幸福を政治家の正しい原理として認めないで、特定の個人、国家及び階級をえらんで、「最上のもの」とし、またそれだけが考慮するねうちのあるものとして選ぶ。その残りのものは、選ばれたもののためにつくすように、力によって強制されることになる。

ファシズムは、権力獲得の闘争をするかたわら、全人口の相当のものに訴えなければならない。ドイツ及びイタリアの両国では、ファシズムは社会主義より起ったのであるが、その正統的なプログラムに含まれている反国家主義的なものは一切、捨てさっている。社会主義からは、経済的計画や国家権力を増大する考えは受けついでいるが、その計画は全世界の利益につくすためではなくて、一国の上流中流階級の利益のためにあるものであった。ファシズムは、これらの利益を、賃銀労働者と中産階級そのもののうちの評判のわるい連中の能率を増進することによるよりも、この両方を圧迫することで確保しようとしている。その恩恵の及ぶ範囲外にある階級については、ファシズムはせいぜいうまくいっている刑務所によく見受ける種類の成功を収めるかもしれないが、これより以上のことはしようともしない。

ファシズムに対して心から反対する点は、それが、人類の一部分をえらんで、それだけが重要なものだとすることである。およそ政府というものが最初できてから、権力を握っているものは、確かに実際こんなえらび方をして来た。これと反対に、キリスト教は、その教理からいうと、いつも人間をいずれも目的そのものとみなしており、他人の繁栄につくす手段としてはいない。近代の民主主義は、キリスト教の道徳的理想から力を得て来たもので、政府が金持や有力者の利益に専念することを止めさせようと大いに努力した。この点において、ファシズムは昔の異教のもっとも悪い点に戻ろうとするものである。

ファシズムがもし成功すれば、資本主義の害悪をなおすことは一つもしないだろう。それどころかその害悪をいよいよひどいものにする。手仕事は、生きていけるだけの生活をあてがわれ、強制労働によって、させられるようになろう。それに従事する人々は、政治的権力も、住居職場をえらぶ自由もなかろうし、恐らく永く続く家族生活をすることもできないだろう。彼らは事実上奴隷であろう。こういうことは、ドイツ人が失業者を扱う方法をみると、すでに始まっているということができよう。実際、この事態は、民主主義の支配からぬけ出した資本主義の免れない結果であり、またロシアにおける強制労働の同様な事情は、どんな独裁政治でも、その結果として以上の状態になることを物語っている。昔は絶対主義には、いつもある形の奴隷制度あるいは農奴制がつきまとっていた。

ファシズムが成功するものなら、こういうことはすべて起るだろうが、ファシズムがいつまでも成功していることは、殆んどあり得ない。というのは、それは、経済上の国家主義の問題を解決することができないからである。ナチスを守りたてる有力な勢力は、重工業、特に鋼鉄や化学上の重工業であった。国家的に組織された重工業は、現在では、戦争を促す最大な力である。あらゆる文明国に、重工業の利益になるようにつくす政府があるなら――或る程度それは事実になっているが――戦争はそのうち必ず起るだろう。ファシズムが新しく勝利を得るごとに戦争は近まる。そして戦争となると、ファシズムも戦争勃発当初に存在しているといと思われるものの大部分と一しょに一掃されてしまう傾向がある。

ファシズムは、自由放任主義、社会主義や共産主義のようなきちんとまとまった信念ではない。その本質をみると、感情的な反抗である。それは一部は、最近の経済上の発展に苦しめられている中流階級に属する人たち（小店主のようなもの）の反抗であるし、一部は、その権力愛好心が誇大妄想狂になってしまっている産業界の放埒な大立物の反抗である。ファシズムは、その支持者が望むことを果し得ないという意味で、不合理である。ファシズムの哲学はなく、これについては精神分析ができるだけだ。もしファシズムが成功するなら、不幸がひろがる結果となるだろう。だがファシズムが戦争の問題に対する解決策を発見し得ない以上、それはほんの一時ならともかく、それより以上の期間にわたって成功することはできなくなる。

イギリスとアメリカが、ファシズムを取り入れそうだとは、私は考えない。なぜかというと、両国の代議政治の伝統は非常に強いので、かようなファシズム的発展を許すことはないからである。普通の市民は、公けの出来事は自分に関係があるという気でいるし、自分たちの政治的意見を述べる権利を失いたがらない。普通選挙や大統領選挙は、ダービイ競馬のように楽しい行事であるから、そういうものがないと、人生はいっそう退屈に思われるだろう。フランスについては、全くそうはっきりと断言することはできない。だが、もしフランスが戦争中の一時のことは別として、それ以外でファシズムを取り入れるなら、私はことの意外に驚くだろう。

さて共産主義とファシズムの両方にあてはまる或る反対論——これは、私の考えでは、最も総括的なものであるが——がある。この二つとも、少数のものが全住民を予め考えておいた型に力ずくでしたてようとする試みである。これらが全住民を見ること、あたかも人間が機械を作ろうと思う材料を見るのと同じである。材料は変化をこうむることが多いが、それは人の意図にそったもので、材料そのものに内在する発展の法則によるものではない。生物に関係する場合、特に人間の時は自然発生は、或る結果をもたらす傾向があるが、そうでない結果は、抑えたりひっぱったりする或る強制的な方法で作り出すより外にしかたがない。胎生学者は、二つの頭の動物や足指のあるべき所に鼻のある動物を作り出すこともできよう。だがかような怪物は生きていくことを甚だ愉快とは思わない。同様に、ファシストや共産主義者は、全体としての社会の姿を胸にえがいて、人々をその型にあてはめるためにねじまげる。適当にねじまげることができない人々は、殺されたり、集中キャンプにおくり込まれる。このような全く個人の自発的な衝動を無視する様子は、倫理的にみて正しいとか、結局、政治的に成功することができるとは、私は考えない。灌木を孔雀《くじやく》の形にかりこむことはできるし、また同じような暴力によって人間を同じようにねじまげることはできる。だが灌木は受動的でされるままになっているけれど、人間は、独裁的命令者が何を望もうとも、抵抗力を失わず積極的で、或る面ではそうでなくても、他の面では積極的である。灌木は、庭園師が教えてきた鋏の使い方の教訓を他に及ぼすことはできないが、ねじまげられた人間は、もっと頭のひくい人間を見つけ出し、小さい鋏をその頭の上にふりまわすことができる。個々の人を人為的に作りかえることから、どうしても起る結果は、残忍かそれとも無関心を生み出すことになる。おそらくその二つを交互に生み出すだろう。さてこのような性質を持っている人々からは、よい事は期待されない。

独裁者に及ぼす道徳的影響は、改った別の問題で、これについては、共産主義者、ファシストのどちらも十分に考えていない。まず独裁者が殆んど人間らしい同情心を持ちあわせない人なら、当初から、異常に冷酷となり、自分の非人間的な目的を追求する場合、どんな残酷なことをも辞さないだろう。またもともとその独裁者が、自分の奉ずる理論のために、他に課せざるを得ない不幸について同情的に悩んでいるなら、気質のけわしい後継者にゆずらざるを得ないか、或いは人道主義的な感情を抹殺しなければならないことになろう。その場合は、こんな心の争いをしたことがない人よりも、遥かに加虐的《サディスティック》になりがちである。このどちらの場合でも、政治は残忍な人間の手中に握られている。この人たちをみると、その権力愛着心はカムフラージュされて、或る型の社会を欲求する心となっている。専制政治にはどうしてもまぬかれない道理によって、独裁政治をする当初の目的にどんないいものがそなわっていても、次第に消え失せ、独裁者の権力を維持することが、国家機関の正真正銘の目的としていよいよはっきりして来る。

機械にとらわれると、操縦者の誤謬といわれるものが生れて来る。それは、個人や社会をあたかも死にものとして扱い、操縦者をあたかも神聖なもののように扱うことである。人間は、扱い方で変るものであり、操縦者自身は、その作用が自分たちに及ぼす結果として変って来る。こういうわけで、社会力学は甚だむつかしい学問で、これについては、十分知られていないので、独裁を正しいと認めるのに必要な知識はない。典型的な操縦者をみると、彼の受動者にある自然的発達を重んずる気持はすっかりなくなっており、その結果は、彼が望んでいるように、予想した型の或る段階に従順に適応することにはならず、病的でゆがんだ成長となる。怪奇でもの凄い型に向う成長となる。それで、民主主義や気ながに待つことをいいものだとする究極の心理学的論拠は、次のことになる。それは、人々が不恰好な化物になろうとしないのなら、自由な成長、思うままに束縛されず生きていくという二つの要素が大切だということである。とにかく、私の信ずるように、共産主義及びファシストの独裁のいずれも望ましいものでないとするなら、かような独裁をそれだけが選ぶべき道として、民主主義を古くさいとけなす傾向はなげかわしい。人々が以上の二つの独裁をそれだけが選ぶべき道と思うなら、そういう道になるだろうし、そう思わないなら、そうならないだろう。

（原著ではこの章名は Scylla and Charybdis となっている。メッシナ海峡のイタリア側の岬 Scylla は、シシリー海岸 Charybdis の渦に対している）

第七章　社会主義の問題

今日、大多数の社会主義者は、カール・マルクスの弟子で、彼から次の信念を引きついでいる。それは、社会主義を産み出すことができるただ一つだけある政治的勢力は、財産を奪われたプロレタリアが生産手段の持主に対して抱く怒りだという信念である。このことをきくと、プロレタリアでない人々は、どちらかといえば殆んど例外なく、必然的な反動で、社会主義は反対すべきものであると判断しているし、また自分たちはプロレタリアでないものの敵であると自ら宣言する人々が唱えている階級闘争のことをきくと、プロレタリアでない人たちは、まだ勢力を持っているあいだに、自分たちの方から戦いをしかけるのがよさそうだと感ずるのは当然である。ファシズムは共産主義に対する反抗、しかも侮りがたい反抗である。社会主義をマルクスの言葉で説いている限り、甚だ有力な反対が起るので、文化の進んだ西欧諸国で、社会主義が成功することは日にまして見込みうすになって来る。勿論、社会主義はどんな場合も金持から反対を受けているだろうが、この反対はそう強烈なものでもなく、そうひろがりもしなかっただろう。

私はどうかというと、最も熱烈なマルクス主義者におとらず信念ある社会主義者ではあるが、社会主義をプロレタリアの復讐の福音ともみなければ、根本的にいって経済上の公平を確保する手段とも考えていない。根本的にみて、社会主義を、常識的に考えてみて必要であり、またプロレタリアばかりでなく、ごく少数の人間を除いたすべてのものの幸福を増進するようにもくろまれた機械的生産への適応とみなしている。もし社会主義が今日暴動によらなければ、実現されないとするなら、それは大体において、その主張者が暴力的であるせいである。だが私は、穏健な考え方をして、対立をやわらげ、そう破滅的でない変動ができるのではないかという希望をいくらかまだ持っている。

まず社会主義の定義から始めよう。この定義は、経済的または政治的の二つの部分からなる。その経済的な部分は、最小限のところ、土地、鉱物、資本、銀行業、信用及び外国貿易を含む根本的な経済力を国有化するというのである。政治的な部分は、根本的な政治力がぜひ民主的であることを必要とする。マルクス自身や一九一八年以前のあらゆる社会主義者たちは、事実上社会主義の定義のこの部分を文句なく承認しているのであったが、ボルシェヴィキーがロシアの国民議会を解散してからは、違った理論が頭をもたげて来た。これによると、社会主義政府が革命によって成功した暁には、その最も熱烈な支持者だけが政治力を持つことになる。さて、いうまでもないことだが、内乱後、征服されたものを解放することは必ずしもできることではないが、こういう状態が続く限り、社会主義を直ちに確立することはできない。社会主義の経済的部分を実現した社会主義政府は、民主的政治が行われるようにするだけの民衆の支持を得てしまわないうちは、その仕事は完成したとはいえまい。一つ極端な例をあげると、民主主義の必要であることが、はっきりする。或る東洋の専制君主がいて、自分の領土内のあらゆる自然的資源は、自分のものだと宣言することができようが、そうしたとしても、社会主義的制度を確立しているのではない。またレオポルド二世（Leopold II 一八三六―一九〇九。ベルギー王、海外発展につくす。一八七六年、万国アフリカ協会を設立し、コンゴ上流を探険し、コンゴ自由国を建設し、一九〇八年にベルギーに合併した）がしたコンゴ統治も見習うべき手本とするわけにはいかぬ。民衆が支配するということがなければ、国家が国家自体を富ます目的以外に、その経済的企業を操作するとは期待されないから、搾取が新しい形で行われるだけだろう。こうみて来ると、民主主義は社会主義制度の定義の一つの条件として認めなければならない。

この定義の経済的面については、さらにいくらか説明しておく必要がある。というのは、個人の企業についていえば、或る人は社会主義と両立すると考えるが、他の人はまるで正反対に考えている型があるからである。ひとりの開拓者が国家から借りたせまい土地に、丸太小屋をたてることは許されるものだろうか。その答はイエスだが、さりとてひとりびとりがニューヨークに摩天楼を築いても差支えないということにはならない。同様に一個人が友人に一シリングを貸すのは勝手であるが、財務官は随意に一千万シリングを会社や外国政府に貸すことはできない。こういうことがらは、程度の問題で、調整されやすい。というのは、色々な法律的手続きが大規模な取引には必要であるが、小さな取引には必要でないからである。かような手続きをどうしてもへなくてならぬ場合は、国家は統制を実施する機会を持つことになる。別の例をあげよう。それは宝石類のことで、これは生産の手段ではないから、経済的な意味の資本ではないが、現状では、ダイアモンドを持っている人は、それを売って株にかえることができる。社会主義の下でも、やはりダイアモンドを持っていても差支えないが、それを売って株にかえることはできない。というのは、買うべき株がないようになるからである。個人的な富は、法律的に禁止する必要はないが、個人の投資だけを中止すればよい。その結果、誰も利益を受取るようにならないだろうから、ごく僅かばかり合理的に個人が持っている財産に関するもの以外の私有の富は、次第になくなっていくだろう。他の人々を支配するような経済力は、個人にもたせてはならないが、この経済力を与えてくれないような私有財産は、残っていくだろう。

社会主義を確立すると生れてくると思われる利益は、めちゃめちゃに亡ぼしてしまう革命戦を伴わずにそれが確立されるとすると、さまざまな多くの種類があり、決して賃銀労働者階級に限られていない。私はこのような利益の一切、或いはそのいずれの部分を考えてみても、社会主義者の仲間が、長期にわたった苦しい階級闘争において勝利を占めたために起るものとは、どうしても信ぜられない。かような闘争は、人の気質を悪化し、乱暴な軍国主義型の人間を活動させ、死、逃亡、投獄によって多くの立派な専門家の才能を浪費し、勝利を占めた政府の心性を、無味乾燥な兵舎式なものにする。

私が社会主義になければならないと要求する長所は、すべて、社会主義が説得によって生み出されるものであり、是非必要だと思われる実力は、ささやかな不平党をうち負かすためにだけあるという前提なしには考えられない。社会主義者の宣伝を、嫉妬心に訴えずに、経済的組織が明らかに必要だと訴えて、憎悪悲痛の念をあまりかきたてずにするなら、説得の仕事は、甚だ手軽くなり、それにつれて、実力の必要は減っていくだろう。そう信じている。私さて説得によって合法的に確立したことを守る場合は別として、実力に訴えることには、私は賛成しない。それは、(a)ややもするとこれは失敗しやすいし、(b)闘争は、いたましくも破壊的であるに違いなく、(c)勝利者は、しつこく戦ったあげくには、自分たちの当初の目的を忘れてしまい、全くうって変ったもの、恐らくは武力をふるう虐政をおこしやすいからである。したがって私は、社会主義が成功する先決条件として、社会主義の理論を認めるように、あらだてずに大衆を説得しなければならないと思う。

私は、社会主義をまもる論証を九条あげることにする。そのうちどれも新しいものではないし、その重要さには、軽重がある。この表は、九条に止らずいくらでも長くすることができるだろうが、この九条だけで、社会主義が一つの階級だけの福音でないことを示すのに、十分のはずだと思う。

(一)利潤追求の動機がなくなること。

特別な経済的範疇としての利潤は、産業が発展して或る段階に達した時、始めてはっきりするものである。だが、そのきざしは、ロビンソン・クルソーと彼のしもべフライディの関係にうかがうことができよう。クルソーは、秋となって自分の鉄砲で、島が供給する食糧全部を支配することができたとしよう。それで彼は翌年の収穫の準備のために、フライディを働かすことができる具合となった。その条件は、フライディが、その余剰物資をすべて自分の雇主に進呈する間は、生かしておいてやるというのである。ロビンソン・クルソーが、この契約によって受取るものは、彼の資本の利子とみて差支えないだろう。もっともその資本は、彼の所有する僅かばかりの道具と貯蔵食糧である。だがもっと状態がひらけて来た場合に見られるような利潤には、交換という遥かに進んだ事情が必要となる。例えば、綿花製造者は、自分や家族たちのためにばかり綿を製造しない。即ち綿ばかりが自分の必要品でないので、ほかの要求をみたすには、多量の彼の生産品を売らなければならない。しかし彼が綿を製造する段取りとなる前に、他のもの、即ち原料綿、機械、労働力、動力を買わなければならない。彼の利潤は、以上のものに支払う金額と完成した生産品の代価として受取る金額の差である。だが彼が自分で工場を経営するなら、その仕事をするために傭う支配人のサラリーにあたるものは、すべて以上の利潤から引き去らなければならない。換言すれば、製造者の利潤は、全部の儲けから、支配人がいると仮定し、その給料を減じたものとなる。株主が経営の仕事にあずからない大事業では、彼が貰うものは、企業の利潤である。投資する金を持っている人々は、利潤がありそうだという期待に刺戟される。したがってこの期待は、どんな新しい企てを始め、どんな古い企てを中止させるかということについて、決定する動機である。この現在の組織を擁護する人々は、利潤を求める期待は、全体として正しい商品を適当の量だけ生産するようにしむけていくと考えている。或る点では、この考えは正しいこともあったが、今はもう真理ではない。

こうなるのは、近代生産の性質が複雑になった結果である。私が旧式の村の靴直しであり、近所の人々が私のところに靴修繕をたのんでくるなら、私の労働が生産するものを望むものがあることは、明らかである。だが私が高価な機械を使う大規模な製靴業者であるなら、何足の靴が一体売りさばけるか予測しなければならず、またもろくも見込み違いをすることもあろう。もっとよい機械を持っている人が出て来て、靴をはるかにやすく売ることができるかもしれないし、或いは、私の前のおとくいがずっと貧しくなり、古靴をながく持たせることを覚えてしまうかもしれず、或いはまた、流行が変り、私の機械では生産することができないような靴の需要が起るかもしれない。この内のどれが起っても、私は利潤をあげられなくなるばかりでなく、私の機械は止まり、私の職人は失業する。私の機械を製作するのに注いだ労働は、有用な品物を生産する結果にならずに、砂を海に投げこむように、全くむだ骨折ということになる。失業した人々は、もう人の需要をみたすものを一つも作っておらず、社会は彼らを餓死させないようにむだ費いするだけ、それだけ貧乏になるわけである。一方、賃銀で生活せず、失業保険にたよる人々は、昔より消費することが非常に少くなるために、その人たちが前に買っていた品を作っている人々の間に、失業を引きおこす。こうみてくると、私が利潤を得て売ることができる靴の数について、最初誤算したことは、需要が減っていくにつれて、失業の範囲が次第にひろがっていくもととなる。私自身についていうと、私の資本や信用で貸して貰える金をすっかり吸いこんだ、金のかかった機械にしばりつけられているので、おいそれと靴製造業をすてて、何かもっと景気のいい産業に移ることはできなくなっている。

また靴製造よりはるかに投機的な事業、即ち造船の例をあげてみよう。第一次世界大戦中、または戦後しばらくは、船の需要はすばらしかった。誰も戦争がどのくらい続くものか、ドイツの潜水艦《ユー・ボート》作戦がどの程度成功するものか知らなかったので、空前といえるほど多数の船を建造するために、甚だしく念入りな準備をした。一九二〇年になると、戦争のいたでは回復してしまい、海上貿易は減って来たため、船の需要は急に激減した。殆んどすべての造船台はいらなくなり、傭われていた多くの人々が失業した。彼らは、当然のむくいで、この不幸に見舞われたとはいうことができない。というのは、政府が、狂気のように、できるだけ早く船をつくれとせきたてていたからである。だが、現在の個人企業の組織の下では、窮状に陥った人々に対して、政府ははっきりした責任をとらないのである。それでどうしても困窮はひろがっていく。鋼鉄に対する需要は減っていくので、鉄鋼業は苦境におちいる。またオーストラリヤやアルゼンチンの食肉に対する需要が減る。なぜかというと、失業者は貧弱な食品でがまんせざるを得ないからである。その結果、オーストラリヤやアルゼンチン人がその食肉と引きかえにとっていた製品に対する需要がへってくる。更にこういう経過が無限に続く。

現在において、利潤追求の動機がだめになることについては、さらに非常に重要な理由が一つある。それは、稀少性が減退することである。よくあることだが、或る種の品物は、大量に生産した方が、小規模に控目にするよりも、値段がやすくなるのである。そういう場合は、最も経済的な生産方法は、こういう種類の物品の各々について、世界にただ一つの工場を設けることになるといえよう。だがこういう事態は徐々に起るので、実際には多くの工場がある。もし工場が世界に一つきりなら、あらゆる人に供給し、大きな利潤があげられることは明らかである。だが現状では、競争者がおり、誰も全能力をあげて働いておらず、したがって確実な利潤をあげていない。このために、経済的帝国主義がおこる。なぜかというと、利潤をあげることができるただ一つの方法は、或る大市場を独占的に支配することであるからである。そのうち、弱い競争相手は衰えていく。そして、その単位のかたまりが大きければ大きいほど、その一つが機能を停止すると、くるいが大きい。競争の結果、過剰生産となるから、利潤をあげて売ることはできない。しかしまた生産を抑制することも、甚だしくのろのろしている。どうしてそうなるかといえば、高価な機械を多く使う場合は、全く生産しないより、何年にもわたって損して生産する方が、わざわいを少くすることになると思われるからである。

こういう混乱、くるいは、近代の大規模な産業が私利追求の動機にあやつられるままになっているからである。

資本主義制度では、或る生産物を或る商会に作らせようか否か決定する原価は、その商会に支払わせる原価で、社会に負わせる原価ではない。一つの例を想像して、その違いを示そうと思う。或る人――例えば、ヘンリー・フォード氏――が誰も競争することができないようなやすい値段で、自動車を製作する方法を発見するとする。その結果、他の自動車製造に従事する会社はみな破産するとする。ところで、安い新車一台の社会に支払わせる原価を定めるには、フォード氏が払うべきものに、次のものを加えなければならない。それは、今や不用となった他の商会の一切の設備と、以前はそれらの商会に傭われていたが今は失職している職工や支配人を養い教育する費用のうち、当然うけもつべき部分をますべきである。

（フォード氏の所に就職する人もいくらかあるだろうが、全部がそうなることはむつかしいだろう。というのは、新しい方法は安価であるから、あまり労働力を要しないからである。）その外、社会に費用を負わせることがあるだろう。――労働争議、ストライキ、暴動、特別警察、裁判及び禁錮等である。こういう項目を考えにいれると、新しい自動車の社会に支払わせる原価は、古い自動車のそれよりは最初かなり高くつくことがよくわかるだろう。さて何が社会的にみて利益があるものか決定するのは、社会に支払わせる原価の多い少いであるのに、今日の資本主義制度の下では、何を実施するか決定するのは、製作者個人に負わせる原価である。

社会主義は、この問題をどう扱うか、この後で説明することにする。

㈡暇ができること。（この問題は、この書の第一章で論じているから、簡単に取り扱うことにする。）

機械の生産力のおかげで、人類がかなりな程度の快的な生活を維持するには、前に必要としたほどの労働がもういらなくなる。或るよく気がつく作家は、一日一時間の労働で十分だと主張するが、恐らくこの測定には、アジアを十分に勘定にいれていない。私は安心できる見方をしていると本当に確信するため、すべての成人の立場で、一日四時間の労働をすれば、常識ある人が欲求することになるだけの物質的快楽を生産するのに十分だと主張しよう。

しかし現今では、私利を求める活動をするために、暇を公平に分配できない。或る人は働きすぎるのに、他の人には全く職がない。このことは、次の結果になる。即ち傭主が賃銀労働者の価値を認めるのは、その労働者がする労働量によっており、しかもその労働量は、労働時間が七―八時間を超えない限り、一日の労働時間の長さに比例すると傭主は考えている。一方、賃銀労働者は遥かにやすい賃銀で一日のうち非常に短い時間働くよりも、よい賃銀でむしろ長く働く方をえらぶ。このために、長い労働時間を持つことが、傭主、労働者の両方の気にいることになる。しかしその結果、職にありつかない人々は、飢えるままにするか、公けの費用で、当局の世話まかせにほっておくようになる。

現在では、人類の大多数は、合理的な水準の物質上快的な生活に達していないから、平均一日四時間以下の労働時間をうまく使うと、今日、必要品及び簡単な快楽の面で、生産されているものを、十分生産するだろう。以上の意味は、就職しているものの平均労働時間が八時間であるなら、労働者の半数以上のものは、特に或る種の役にたたぬ仕事や不必要な生産がないとすれば、失職するということである。まず役に立たぬ仕事をとりあげよう。それは、すでに競争には或る浪費が含まれていることを認めているが、これに、広告のためのあらゆる浪費や販売に関係する甚だ熟練した仕事のすべてをつけ加えなければならない。国家主義には、これと違った別の浪費がつきまとって来る。例えば、アメリカの自動車製造業者は、関税のために、主なヨーロッパ諸国に工場を建てる必要があると気づく。そんなことをしないで、アメリカの一つの大きな設備で、すべての車を製造することができたなら、明らかに労働の節約になるのだが。それから軍備や軍事訓練にも浪費がまぬかれない。軍事訓練の方には徴兵制度がしかれているところならどこでも、全男性に関係している。あれこれの姿をした浪費のおかげで、金持の贅沢も一役かっているが、半数以上の人間が、なお職にありついている。だが現在の制度が続いている限り、浪費を除こうとするあらゆる企ては、賃銀労働者の苦境を今よりいっそう悪くするだけである。

㈢経済的不安

今日の世情では、多くの人は生活に困っているばかりでなく、困っていない大多数のものも、いつかは困るようになるかもしれないという至極もっともな恐怖におそわれている。賃銀労働者には、いつも失職の危険がつきまとっているし、サラリーマンは、自分が勤めている商社が破産するかもしれないし、或いは、その商社が職員を減らす必要があると考え出すかもしれないと思っている。実業家は、非常に金持だといわれている人々でも、自分たちの持っている金をすっかりはたいてしまうことは決してあり得ないことではないと考えている。技術専門家は非常な苦闘をしている。自分たちのむすこや娘を教育するために莫大な犠牲を払ったあげく、自分たちの子供が身につけたような技術を持っている人々にかつてあったような就職口は、今はないことをさとる。その人たちが弁護士であるなら、世の人々は重大な不正がただされずそのままになっているにかかわらず、告訴する余裕を持てなくなっていることに気づくし、医師であるなら、以前の金になる憂鬱症の患者は、もう病気になる余裕を持つことができなくなる一方、多くの正真正銘の患者は、最も必要とする医療を断念しなければならないことに気づいている。誰でも知っているのだが、大学教育を受けた男性女性が、店のカウンターの後で、客にサービスをやっているのである。そうしておれば彼らが生活に窮することはないが、それは以前にはそんなことによく雇われていた人々を追いのけて犠牲にした上のはなしである。経済的不安は、昼は昼で、最低から殆んど最高と思われるものに至る社会のあらゆる階級の人々の思考を支配し、夜は夜で、その人たちの夢を支配している。そのため働くと神経がきずつき、休息しても元気が回復するようにはならない。このいつも現われてくる恐怖こそ、私の考えでは、文明世界の大部分をおかしている気違いじみた空気の最大原因である。

富を追っかける欲望は、大体において、安全を求める欲望に基いている。人々が金銭を貯蓄し、投資するのは、年とって働けなくなった時に、生活の資とすべき何かを得たいという希望のためだし、自分の子女が社会の下層におちぶれていかないようにと望むためである。以前では、こういう希望は理窟にかなっていた。というのは、安全な投資ということができたからであった。だが今は安全を得ることはできなくなってしまった。すなわち最大な事業も失敗し、国家は破産し、まだ持ちこたえているものは、次の大戦では、吹きとばされそうだ。この結果、愚者のパラダイス、幸福の幻影のなかで、いつまでも生き続けていけるものは別として、一般には、不幸な向う見ずの気分が生れる。このため実現性のある対策を真面目に研究することは、甚だむつかしくなった。

経済上の安定は、戦争防止は別として、その他どんな変化を想像してみても、そのいずれより文明社会の幸福をますのにあずかって力がある。仕事は——社会的に有用である範囲に働くことは——健康な成人が道理上当然しなければならないものだが、その収入は、彼らの働こうとする意志があればそれだけで与えらるべきで、何かの理由で、その人の勤務が一時いらなくなっても止めてはならない。医者の例でいえば、何がしかのサラリーを受取るべきであって、彼は一定の年齢以後は働けると思われないけれど、そのサラリーは中絶せず、ただ彼の死とともに終ることにしなければならない。医師は、子供たちによい教育を確かにしてやれる権利がある。社会衛生が非常に改善され、有能な開業医全部の直接的な医療の必要がもういらなくなったなら、彼らのうちの或るものは、医学研究に或いは衛生の方策または一そう適切な飲食物をふやす調査に従事させるべきである。こんな制度となると、目ざましい成功を収めた少数の人の受ける報酬は減ることはあったとしても、大多数の医師は、現在よりも一そう幸福になれることは疑えないと思う。

度はずれた富を欲求する心は、決して勤労をうながすのに必要な刺戟ではない。現在、大多数の人々が働くのは、金持になるためではなくて、飢え死をのがれるためである。一人の郵便集配人は、他の集配人より金持になろうとは思わないし、また兵士や水兵は、国に奉公して富を積もうと望まない。だが偉大な財政上の成功を収めることが主な動機となっている人々は、事実少数はいる。――そしてその人たちは、なみはずれて精力的で有力な人であることが多い。そのうちには、ためになっているものもあるが、害を流しているものもある。役に立つ発明をしたり、それを採用したりするものもあるが、株式取引所や堕落した政治家を操るものもある。だが大体において、彼らが求めるものは成功であり、その象徴は金銭である。もし成功というものは、名誉とか重要な行政上の地位のような金銭以外の別の形でだけ得られるものとするなら、成功を追求する人たちは、それでも適当な心のはげみを持っていることになろうし、社会に役立つ方法で働くことを、今思っているよりももっと必要だと考えるかもしれない。そして富そのものを望むことを、成功を望むことと正反対のものとしてみるなら、社会的に有用な動機ではない。それは、贅沢に飲食しようとする欲望が、社会上有益でないのと同じである。したがって、社会制度がかような欲望のはけ口を作ってやらなかったとて、それだけ悪いことにはならぬ。反対に、不安定をなくす制度は、近代生活のヒステリーを消してしまうだろう。

㈣仕事のない金持

賃銀労働者に失業があるとよくないことは、誰でも認めている。労働者自身の苦痛、社会が彼らの労力を失うこと、長い間仕事がみつけられないので気をくさらせる結果は、大いに知れわたっている問題であるから、それを詳しく述べる必要はない。

しかし仕事のない金持は、これと変った害を流している。世の中には怠惰な人間が溢れている。しかもその大部分は婦人である。彼らは殆んど無教育で、金をたくさん持っているので、どうしても己惚《うぬぼ》れが強い。自分たちの富力によって、自分たちの楽しむものをつくり出すことに多くの労力を集中することができる。彼女らは、真の教養をまず身につけていることはないけれど、芸術の重要なパトロンとなる。その芸術も下等なものでないと彼女らを満足させない傾きがある。彼女たちは無用の存在であるから、上っ調子の感傷癖《センチメンタリティ》におちいる。そのため、すこやかな真面目さを嫌い、文化に悲しむべき影響を与えるようになる。特に金儲けをする男性が非常にいそがしくて、その金を自分でつかう暇のないアメリカでは、文化は概ね次のような婦人に支配されている。それは尊敬を受ける唯一の資格は、自分たちの夫が富をふやす手腕を持っていることだという婦人である。資本主義が社会主義よりも芸術にとって好都合だと主張する人々がいるが、私の考えでは、その人たちは昔の貴族政治をしのんでいるので、現在の金力政治を忘れている。

怠惰な金持がいることとは、まだ外の不幸な結果をもたらしている。非常に重要な産業をみると、最近の傾向は、多くの小さな企業よりも、むしろ少数の大企業に向っているけれど、それでもこの原則には多くの例外がある。例えば、ロンドンにあるあまり必要でない多くの小商店のことを考えてみたまえ。金持の婦人が自分たちの買物をしてまわる地区にわたって無数の帽子店があり、ロシアの伯爵夫人が経営するのが普通であるが、どの夫人も他の人より少しばかり精巧な仕事をするといいふらしている。それらの店の顧客たちは、一つの店から次の店へと移動して、数分ですむ事であるはずの買物に何時間も費している。店で客にサーヴィスをする人たちの労力、店で買う人々の時間は、どちらも同様に無意味につかわれている。しかしもっと悪いことがある。それは、多くの人々が無益なことに結びついて生計をたてていることである。大金持は購買力があるので、多数の寄生虫を養うことになる。その寄生虫どもは、自分たちが金持になることはどんなに見込みがなくても、自分たちの商品を買う怠惰な金持がいなくなるなら、すっかり駄目になることを心配している。こういう人たちは誰でも、自分たちが愚かな人々の抗しがたい力によって生活していることについて、道徳的に、知的にまたは美術的に悩んでいる。

㈤教育

現在、高等教育は、全面的ではないけれど、主として裕福な階級の子弟に限られている。なるほど労働階級の少年少女たちが、奨学金のおかげで大学の門をくぐることはしばしば見受けられるが、原則として、彼らはそこにたどりつくまで、非常にひどく働かなければならないから、疲れてしまって、始めの期待を果すことができなくなる。現在の制度のもたらす結果は、能力の甚だしい浪費となっている。賃銀労働者を両親に持った少年少女で、数学、音楽、科学のどれかで第一流の能力を持っているものもあるかもしれないが、彼らにその才能を磨く機会が将来起るという見込みは甚だ少い。そればかりでなく、少くともイギリスの教育は、今なお紳士気取りの風習にすっかりかぶれている。即ち私立小学校では、生徒たちは学校生活の四六時中、階級意識を吸いこんでいる。そして教育は、大体において国家の管理を受けているから、現状を守ることになるために、できるだけ若人たちの批判力を抹殺し、彼らを危険思想に近づけないようにしなければならない。こういうことはすべて、不安定な制度ではやむを得ないと認めなければならないし、またイギリスやアメリカよりもロシアの方ではもっと悪くなっている。だが社会主義制度は、結局、批判にびくつかないように安定するかもしれないが、資本主義制度がこういう風になることは、労働者が全く教育を受けない奴隷国家を設けるより外には、まず見込みはない。したがって教育制度の現在の欠点は、経済組織を変えてしまわない限りは、直すことができるとは思われない。

㈥婦人の解放と幼児の福祉

最近、婦人の他位を向上させることが色々企てられているのにかかわらず、大多数の妻たるものの生活は、相かわらず、経済的にみるとその夫に依存している。この依存は、賃銀労働者が雇主に依存しているのより、色々の点でなお悪い。雇われているものは、自分の職をほうり出すことができるが、妻はそうすることはむつかしい。そればかりでなく、どれほど心労して家政のために働かなければならないとしても、賃銀を要求することはできない。こういう状態が続いている限り、妻のがわに何か夫と経済的に平等に近いものがあるということはできない。だが社会主義を確立しないで、この状態を改善することができる方法を見つけ出すことは困難である。子供の養育費は、夫よりもむしろ国家が負担することにしたり、結婚した婦人は、授乳期または妊娠の後期以外は、その生活の資を家庭外の仕事で得ることにする必要がある。こうなるには、或る種の建築上の改革（この書物の前の方のエッセイで考えたことだが）や極めて幼い子供たちのための保育学校の設立がいる。こういう施設は、子供たちにとっては、母親にとってと同様に、大きな恩典であろう。というのは、子供たちの発育には、適当の遊び場所、日光、食物という条件が必要である。かような条件は、賃銀労働者の家庭でみたすことはむつかしいが、保育学校では安価に提供される。

妻の地位や幼児を養育する方法を以上のように改めることは、完全な社会主義によらないでできるかもしれないし、あちこちで、小規模に不完全に実施されてはきた。だが社会の一般的な経済的変革の一部に含めなければ、適切にまた完全に実施することはできない。

㈦芸術

社会主義をとり入れると起ってくると思われる建築上の改良については、すでに述べておいた。絵画は、昔をみると、広大な建物のつきもので、これを飾ったものであるし、これからでも、負けまいという競争心から隣人をおそれるため起るみみちい私的生活がなくなり、公共の美をあこがれる望が起ると再びそうなるだろう。現代の映画芸術には、非常に発展する可能性があるが、製作者の動機が商業的である限りのびようがない。実際、ソ連がこの可能性を殆んど実現するようになったと考える人々が多い。どんなに文学が商業的動機でいためつけられているか、作家であれば誰でも知っている。即ちいきのいい著作は、殆んど全部、何かのグループを怒らせるから、売行きが減るわけである。作家が自分の印税で、自分の真価をはからないことはむつかしいし、悪い作品で莫大な金銭上の報酬にありついている時、自分だけ善い作品を創作して貧乏でいるには、異常な強い性格を必要とする。

社会主義がこの事態をもっと悪くする場合もあることを認めておかなければならない。出版は国家の独占であるから、国家としては偏狭な検閲をすることは、何でもないことだろう。新しい制度に対して激しい反対が起る限り、かような検閲は、まずさけられまい。だが過渡期が過ぎてしまうと、国家がその書物の価値がたいしたものでないために、引き受けようとしない書物でも、著者が時間外労働によってその費用を支払うねうちがあると考えるなら、出版されるかもしれない。その時間は短いから、この時間外労働はそう辛すぎることはないだろうが、それでも自分の書物に何か価値があるという本当の確信がない著者をひきとめる力は十分あるだろう。書物の出版ができるようにするのは、大切であるが、甚だ無造作に出版するようにすることは、感心しない。現在、書物は、その質が劣っているだけその量は多い。

(八)儲からない公共事業

文明的な政治が始まって以来、どうしてもしなければならないが、利潤追求の動機から起るきままな活動にはまかしておけないものがあることは、誰でも認めている。こういうものの中で最も重要なのは、戦争であった。国営企業が役に立たないと深く思いこんでいる人でも、国家の防衛を個人の請負人に請け負わすべきだなどとはいい出さない。そのほか、当局が是非手をつける必要があると考えていることがたくさんある。例えば、道路、港湾、燈台、都市の公園などがそうである。社会的な活動で、この百年間に著しく伸びてきた大きな部門は、公衆衛生である。最初、自由放任主義の気違いじみた信奉者はこれに反対したが、実際的な議論がこれを抑えた。もし個人企業説を固執していたなら、金もうけの新しいさまざまな方法ができたであろう。例えば、流行病にかかっている人は、或る宣伝屋にたのみにいくかもしれない。するとその宣伝屋は、その人の未亡人に多額の金を支払わないなら、その人は鉄道会社や劇場の構内で死ぬつもりだというおどかし文句のある廻状を以上の場所に送りつけることになろう。だが、隔離や交通遮断は、自由意志に任すべきでないときめられた。というのは、それによる利益は広く一般に及ぶが、その損害は、個人だけであるからだ。公衆事業の数が増し、複雑になるのは、十九世紀の特色の一つであった。その最も著しいのは教育である。国家があまねく教育を強制しない前は、色々な動機があって、すでに存在していたような学校や大学を設立していた。中世に始まる宗教的な創立もあったし、進歩した文芸復興期の国王の設立にかかるコレージュ・ド・フランス（一五三〇年フランソワ一世の創立）のような世俗的な創立もあったし、まためぐまれた貧乏人をいれる慈善学校もあった。このどれも利潤をねらってはいなかった。しかし利潤めあての学校もあった。その例としてあげられるのはドースボーイズ学院（Dotheboys Hall ディケンズの小説『ニコラス・ニックルビー』に出てくる私立学校で、校長スキーズは無知野蛮で生徒に何も教えずうえ死させた）やセーレム学寮（Salem House ディケンズの小説『デーヴィッド・カッパフィールド』に出てくる私立学校で無能の校長クリークルは生徒をいじめる）であった。今でも利潤めあての学校があるが、教育当局があって目を光らせているので、ドースボーイズ学院型をそっくりまねるわけにはいかないが、そういう学校は、高度の学芸というより、その上品さで売り出そうとしがちである。まあ全体として、利潤追求の動機は、殆んど教育に影響しなかったし、又与えたとしても、たいして悪くはない。

当局は、実際に仕事をしない場合でも、仕事を統制することは必要だと感じている。街頭照明は、私設会社がするだろうが、儲けようが儲けまいがしなければならない。家屋は、個人の企てで建てられるが、ビルディングは細則で取り締まられる。この場合、非常に厳重な統制がのぞましいことは、誰でも認めているのである。ロンドン大火の後、クリストファー・レン卿（Sir Christopher Wren 一六三二―一七二四。天文学者、大建築家、オックスフォードに学ぶ。一六六六年、ロンドン大火後、都市復興案を提出したが採用されなかった）が案出したような一元的の都市計画は、見るもぞっとする不潔な貧民窟や郊外を取り除き、近代都市を美しく健康的で快的なものにすることであったろう。この例は、非常に変動する現代の世界で、個人の企てのままにするのに反対する別のあらたな論拠を示している。単位とみなさなければならない地域は非常に大きすぎるので、最も大きな財閥でもこれを扱いかねている。例えば、ロンドンでは、住民の大部分は、或る地域で眠り、別の地域で働くから、この都市を分けて考えずに全体として考えなければならない。聖ローレンス河（オンタリオ湖よりモントリオールをへて、聖ローレンス湾にそそぐ）のような重大な問題は、二つの国のあらゆる分野に及ぶ広大な利害関係を伴っている。それでこういう場合は、一つの政府がかかっても、十分な領域を占めることにはならない。人、貨財及び動力は、昔より大分たやすく運ぶことができるので、その結果、せまい地域は、馬が最も早い運輸機関であった時代よりも、自給自足の力が貧弱になっている。発電所は非常に重要になったから、個人の手にゆだねておくと、城に住んでいる中世の大名の暴政と肩を並らべられるような新しい性質の暴政が生れそうである。いうまでもなく発電所にたよっている社会は、その発電所が自由に独占的利益を余すところなく開発するままにしておくなら、経済的に十分安定することはできない。貨財を運ぶとなると、やはり鉄道にたよることになるし、また人間を動かすためには、一部分、再び道路にたよるようになって、鉄道と自動車の発達のため、町と町が離れていることは無意味になるし、航空機は国境を同様に古くさいものにする。こういう事情で、一そう進んだ公共的統制を受ける広大な地域が、発明が進んでくるにつれていよいよ必要になってくる。

㈨戦争

いよいよ社会主義を是認する最後で最も有力な議論、即ち戦争防止の必要に話はうつる。私は、戦争が起りそうだとか、有害であるとかということで、時間を浪費しないことにする。というのは、こんなことは、わかり切っているといえるからだ。そこで、次の二つの問題に限るとしよう。⑴どの程度、現在の戦争のおこる危険は、資本主義と結びついているか。⑵社会主義を確立すると、どの程度、戦争の起る危険が取り除かれるだろうか。

戦争は昔からある手段であって、その起る原因は、いつも主に経済的だけれども、もともと資本主義が生み出したものではない。昔は、戦争には二つの主な原因があった。それは、君主個人の野心と、活気ある民族或いは国家の発展的冒険心である。七年戦争（一七五六―一七六三。シレジアをめぐる戦い。イギリスはプロシアをたすけ、フランスはオーストリアをたすけた）のような闘いは、この二つの特色を示している。即ちヨーロッパにとっては、それは王朝の戦争である反面、アメリカやインドにとっては、国民間の闘い（イギリスは戦費をプロシアに送るだけで、動乱に加わらず、アメリカ、インドにおけるフランスの勢力を駆逐した）であった。ローマ人が他国を征服するのは、おおむね将軍やその率いる軍団のがわにある直接の個人的な金銭上の動機によっている。アラビア人、匈奴《きょうど》、蒙古人のような牧畜民族は、今までいた牧草地が不足するために、いつも他を征服する途についている。そして君主が（中国や後期のローマ帝国にみるように）自分の意志を押しつけることができる場合は別として、いつも戦争など何でもないという気を起させていることは、勝利の自信がある男性が戦争をたのしみ、その一方で女性が、男性を勇敢なるが故に讃美する事実である。現在の戦争は、原始的なそのもとの戦争より遥かに違ったものになっているけれど、この昔の動機はなお残っているので、これを戦争のやむことを望む人々は、忘れてはならない。ただ国際的な社会主義だけが戦争を完全に防止するものとなるが、あらゆる主な文明国の国家社会主義は、後で明らかにすることになるが、著しく戦争の起りそうな傾向を減らしている。

戦争しようとする冒険的な衝動が、相かわらず文明国の一部の人々にあるが、そのかたわら、平和を望む心をかきたてる動機は、過去数世紀のどんな時よりも今は遥かに強い。人々は苦い経験を通じて、前大戦は勝利者にも繁栄をもたらさなかったことを知っている。また来るべき戦争は、非戦闘員の生命を失うことになりそうであり、その損失の量もそのひどさも三十年戦争以来、くらべるものがないほどであること、そしてまたその損害は恐らく決して一方の側だけに限らないだろうと見通している。さらに彼らは、首都は破壊され、全大陸は文化に見放されるかも知れないと心配している。特にイギリス人は、永続して他国の侵略を免れていたことが駄目になってしまったことを知っている。こういうことを考え合わせて、大英帝国では、平和に対する熱望が起っているし、他の大多数の国でも、それほど熱烈ではないだろうが、同じ感情が起って来ている。

こういうすべての事情があるにもかかわらず、どうして戦争の起る切迫した危険があるのだろうか。その近因は、いうまでもなく、ヴェルサイユ条約が苛酷であり、その結果、ドイツに好戦的な国家主義を起すようになったことだ。だが次の戦争は、恐らく一九一九年の条約よりもっとひどい条約を結ばせ、そのために被征服者がわに悪意ある反動を起すことになろう。永久平和は、こんな止め度のないシーソーゲームから生れないで、ただ国家間の不和の原因を除くことから生れることができる。今日では、これらの原因は或る面における経済的利害関係に見出されるから、その原因をなくすには、根本的に経済的改造をするより外に手はない。

経済的勢力が戦争をうながす経過を語る最も重要な例として、鋼鉄工業をあげよう。その中心となる事実は、近代の技術によると、トンあたりの生産価格は、生産高が少い場合よりも、大量で生産する場合の方がやすいということである。その結果、市場が十分広いなら利益があるが、そうでなければ利益はあがらない。アメリカの鋼鉄工業には、他のすべての国内市場よりも遥かにうわまわった国内市場があるので、それは必要の場合、海軍軍縮計画を阻止するために干渉する以外、政治にかかわることは今までなかった。しかしドイツ、フランス、イギリスの鋼鉄工業の市場は、すべてその技術上の必要からあってほしいと思うほど広くはない。勿論それらの鉄工業は合併することによって或る程度の利益を確保することができようが、これにはまた経済上の障害がある。鋼鉄に対する需要の大部分は戦争準備に関係があり、したがって鋼鉄工業は、大体、国家主義及び各国の軍備拡張によって儲けている。その上、鉄工業委員会（Comité des Forges）とドイツ鋼鉄トラストは、どちらも相手と利益をわけるべきだとはせず、戦争によって相手をやっつけることを望んでいるし、戦争の損害は、主として他人の肩にかかるだろうから、結果は経済的に有利なことになるだろうと予測している。どうみても彼らの考えは間違っている。でもこの間違いは、力にうぬぼれている大胆で自信の強い人間には、ありがちのものである。肝心かなめのロレーンの鉄鉱石が以前はドイツに属し、今はフランスのものとなった領土にあるという事実が、独仏の二つのグループの敵愾心をあおり、戦争だけが成しとげることができるものをいつも思い出させるものとしてはたらいている。そしていうまでもなくドイツ人が積極的である。というのは、フランス人はすでに前の戦争の獲物を頂戴して悦にいっているからである。

勿論、鋼鉄工業やこれと同様の利害を持つ他の工業は、それらが訴えることができる衝動を民衆が持っていないなら、堂々たる国民を動かして、工業自体の目的のために忠勤をつくすようにすることはできない。フランスやイギリスでは、それらの工業は、恐怖心に訴えることができるし、ドイツでは、不公正を怨む心に訴えることができる。そしてこれらの動機は、両方の側で完全にきき目がある。だが事態を冷静に考えることがもしできるなら、公平な協定をすると誰でも幸福になれることはどちらの側でもわかることであろう。ドイツ人がいつまでも不公正に悩まなければならぬという然るべき理由もないし、またその不公正が取除かれたなら、ドイツ人としても、その隣人の恐怖心をかきたてるようにふるまうもっともな口実はないだろう。しかし冷静に理性的になるように努力するとなると、いつも宣伝が愛国心や国家名誉心に訴えるという形で、はいって来て邪魔する。世界の有様は、のんだくれである。自分は立ち直ろうと思うのだが、親切な友だちが取巻いていて飲ませるのでいつも逆戻りするのんだくれである。この場合、親切な友人は、そののんだくれの癖を利用して儲ける人間であるから、のんだくれを立ち直らせる第一歩は、どうしても親切な友人たちを除くことである。全くこの意味で、近代資本主義が戦争の原因とみられるわけである。即ち全部の原因ではないが、他の原因を動かす重要な刺戟を生む。もしもう資本主義がないとなるなら、この刺戟はなくなり、人々はたちまち戦争の不合理をさとり、戦争が将来起らないようにする公平な協定にとりかかるだろう。

鋼鉄工業や同様の利益のある他の産業のかもし出す問題を完全に徹底的に解決する道は、ただ国際社会主義、換言すれば、関係諸政府を代表する権威によってそれらの産業を操作することに求められるだけである。だが一歩退いて主な産業国における国有化は、戦争のさしせまった危険をのぞくだけの力は十分あるだろう。というのは、鋼鉄工業を政府の手で支配し、しかもその政府が民主的であるなら、その産業はそれ自体の利益のためでなく、国民の利益を目的として運営されるからである。個人でなく公共財政の貸借対照表《バランス・シート》によって考えると、社会の他の部分を犠牲にして鋼鉄工業のあげた利益は、他のどこかの損失によって相殺されるだろうし、個人の収入は、一つの特別な工業が儲けたり損したりするにつれて上下するものでないから、誰も公衆を犠牲にしてまでも、鋼鉄工業の利益を押し進める気持はもつまい。軍備拡張に基いて鋼鉄の生産を増大することは、損失であることがわかって来るだろう。なぜかというと、そのために人々の間に分配される消費物資の供給が減ることになるからである。こういう風にして、公私の利害は調和され、人をあざむく宣伝をしようとする意欲も消えていくだろう。

そこでいうことが残っているのは、社会主義が、私たちがいつも問題にしている他の害悪をなおす方法についてである。

利潤を追求することを産業の指導精神としないで、その代りに、政府の計画を指針とすることになろう。政府といえ誤算するかもしれないけれど、一個人よりもそうする傾きは少い。というのは、政府は、個人よりも完全な知識を持っているからである。ゴムの値段が上った時は、できる人なら誰でもゴムの樹を植えた。その結果、数年後は、その値段がさんたんたる下落ぶりを示すので、ゴム生産を制限する協定を結ぶことが必要だと気づいたものである。ところが、あらゆる統計を持っている中央当局なら、こういう誤算をくい止めることができる。それでも予想しない原因、例えば新しい発明のようなものが起ったため、最も周到なもくろみでも間違っていたということになるかもしれない。このような場合、社会全体として、新しいプロセスに移ることをゆっくりやると損をしない。そして、いつでも、失職している人々の救済については、社会主義の下では、色々な方法をとることができよう。その方法というのは、現在では失業を起すおそれのために、また雇主と傭人の間の疑惑のために実行不可能なものである。或る産業が落ち目になり、他のものがこれと逆に栄えていく際は、若い人々を落ち目の産業からぬきとり、栄える産業に適するように訓練することができる。たいていの失業は、労働時間を短くすることによって防ぐことができる。仕事をみつけてやれない人がいても、その人は完全な賃銀をもらうことになろう。それは、その人に働こうという意欲があるから、そのために賃銀を払うことになるからである。仕事を強制しなければならない場合は、経済上の制裁によってではなく、刑法によって強制されることになるだろう。

生活上の安楽とひまのつり合を取りきめることは、計画をする人々、したがって結局は民衆の票決にゆだねられることになろう。誰もが一日に四時間働くとするなら、五時間働く場合よりも、安楽の度は少くなるだろう。ところで技術上の進歩は、一方ではより多くの安楽を生み出し、一方ではもっと多くのひまを作り出すのに役立つことになると思っても差支えあるまい。

経済上の不安は、（まだ戦争の起る危険があるように思われる場合は別として）なくなるだろう。なぜなら、誰でも罪人でない限り、サラリーをもらい、子供養育の費用は国家の負担となるからである。妻は夫によって生活することはなかろうし、子供は両親の欠陥のために、ひどく苦しむままにしてはおかない。経済的にみて、ある個人が他の個人にたよることはなくなるだろうが、すべての人が国家にたよることになるだろう。

社会主義が或る文明国に行われているが、他の国にはないという間は、やはり戦争の起る可能性はあり、社会主義という組織の完全な利益は実現されないだろう。だが社会主義を採用する国なら、どの国でも攻撃的で軍国主義をとることはなく、ただ他国の側から来る侵略をくいとめることだけに専念すると想って間違いはあるまいと思う。社会主義が、文明世界のすみずみまでゆきわたってしまうと、大規模な戦争を起す動機は弱くなり、平和をえらびとる本当にはっきりした理由をふみつぶすだけの力はなくなるだろう。

くりかえしていうが、社会主義はプロレタリアだけに有利な理論ではない。経済上の不安をくいとめることによって、少数の最大な富豪は別として、あらゆる人々の幸福を増進することをもくろむのである。私の信じてやまないことだが、社会主義が最大級の戦争をくい止めることができるなら、それは全世界の福祉を増すこと計り知れないものがあろう。――というのは、或る工業界の大立物は、次の大戦でもうけることができると信じているが、この見解はそれをもっともらしく思わせるように経済的論証をいくらしても、誇大妄想狂のする気違いじみた謬見であるからである。

社会主義、即ちかくも広くためになり、かくも理解しやすい組織、その上、現在の経済組織のはっきりした崩壊やどこにもおよぶ戦禍のさしせまった危険によって促された組織、この組織をプロレタリアや少数の知識人には別として、その他には談笑のうちにすすめることは不可能で、血なまぐさい疑わしい破壊的な階級闘争によってのみもたらすことができるというのは、共産主義者のいうように事実であるのか。私としては、こういうことは信じられない気がする。社会主義は、或る点では、昔の慣習に正反対であるから、衝動的な反対を引きおこす。それを鎮めるには、ゆるゆるするより外にはない。また社会主義反対者は、心の中で社会主義を無神論と恐怖時代に結びつけてしまっている。宗教とは、社会主義は何も関係はない。これは経済上の理論で、社会主義者は、その気にさえなれば、なんら論理的矛盾なしにキリスト教徒にでも、仏教徒にでも、また梵天《ブラーマ》崇拝者にでもなれる。恐怖時代についていえば、最近そういうものはたくさんあり、しかも大部分は反動のがわに認められる。そして社会主義が一つの恐怖時代に対する反抗として出てくる場合は、前の組織の兇暴さをいくらか受けついでいるだろうと心配するものである。だがいつも或る程度の思想弁論の自由を許している国々では、社会主義者の立場は、熱意と忍耐とを兼ねそなえた態度であたるなら、民衆の半ば以上を説得する力があるように考えられる。そういう時が来ても、少数ののが無鉄砲に実力に訴えるなら、多数のものは反乱をおさえるために、やはり実力を使わなければならなくなるのは、いうまでもない。だが予め説得の仕事がうまく行われているなら、反逆は甚だはっきりと見込みないものになるはずだから、最も反動的なものでさえもそうしようとしないだろうし、そうでなく、したとしてもやすやすと速かに退けられるから、恐怖時代の起る機会はないだろう。説得することができるが、大多数のものが説得されないでいる時、実力に訴えることは適当でない。大多数のものが説得されてしまうと、無法者たちが、今だとみて暴動を起すようなことがない限り、事態の解決は、民主的政府の普通の活動にまかしておける。かような暴動の鎮圧は、どの政府もかねてやっている程度のもので、社会主義者たちは実力に訴える機会がないのは、民主主義国の他の合法的政党にないのと同じである。それで社会主義者たちがいくらか実力を自由にすることができる場合は、前もって説得するからこそ、実力を握ることができるのである。

さて或る仲間のなかできまりきって論ぜられていることは、社会主義が普通の方法の政治的宣伝で地位をかためたことは、恐らく一時はあっただろうが、今日、ファシズムの発展して来たため、それができなくなったというのである。このいい方は、ファシストの政府をいただく国については、あてはまる。合法的な反対ができないからである。だがフランス、大英帝国、アメリカでは、おもむきが違う。フランスや大英帝国には、有力な社会主義政党があるし、大英帝国やアメリカでは、共産主義者は数において問題にならないし、彼らが足場をかためている兆候もない。彼らのしたことは、せいぜい反動政治家にちょっとした抑圧の方法を講ずる口実を与えたぐらいであった。この方法はあまり恐ろしいものでないために、労働党の復活やアメリカにおけるラジカリズムの成長をくいとめるだけの力はなかった。社会主義者が近いうちに、大英帝国で絶対多数をしめることは、大いにありそうである。そうなると彼らが政策を実施するにあたって、困難にぶっつかることは疑いないし、そこで非常に気が小さいものは、この困難を遷延の口実にしようとするだろう。このことは間違っている。というのは、説得が急に運ばず、徐々になることは免れないけれど、社会主義に移る最後の段階は、早くて急であるからである。だが今のところ合法的方法は失敗すると想うしっかりした根拠はないし、何か他の方法に成功のもっとよい道があると思う根拠はさらに少い。それどころか、非合法的な暴力に訴えるあらゆる企ては、ファシズムの成長を促すものである。民主主義の欠点がどんなものであろうと、社会主義が大英帝国或いはアメリカで成功する希望をもてるようになるのは、民主主義によるし、また民主主義を人々が信ずることによる以外にはない。民主主義的政治を尊重する心を弱める人々は誰でも、意志的にせよ無意志的にせよ、社会主義や共産主義を愛好する心でなく、ファシズムを愛好する気持を高めているのである。

第八章　西欧文明

自分たちの文明を、間違いない見方で観察することは、決して容易なわざではない。この目的を果すには三つのはっきりした方法、即ち旅行、歴史及び民族学があり、私がこれからいわなければならないことは、すべてこの三つの方法で思いついたのだが、そのどの方法も客観性をもたらす点で、外から思われるほど大きな助けとなるものではない。旅行者はただ自分たちの興味を引くものだけを見るものである。例えば、マルコ・ポーロは、中国婦人の纏足《てんそく》に全く気づいてはいない。歴史家は、事件を自分の先入主からはじき出した型にならべる。即ちローマの没落は、多方面に原因をもとめ、帝国主義、キリスト教、マラリヤ、離婚及び他からの移住民のせいだとされている。――この後の二つは、アメリカでは牧師と政治家のともに得意とするものである。民族学者は、自分たちの時代に流行している偏見によって事実をえらび、説明している。国内にじっとしている私たちが、野蛮人について何を知っているというのか。ルソー主義者は野蛮人は気高い心の持主だといい、帝国主義者は彼らは残忍だという。また宗教心の厚い民族学者は彼らを行いの正しい家族持であるというかと思えば、離婚法改正の主張者は、彼らは自由恋愛をやっているという。またジェームス・フレザー卿（Sir James Frazer 一八五四―一九四一。未開種族の研究で有名な人類学者、民俗学者。主著は『金枝篇』）は、彼らはいつも自分たちの神を殺している（金枝篇には「神を食うこと」という章がある）というが、他の人は、いつも入会式をやっているという。端的にいえば、野蛮人は民族学者の学説をつくるのに必要なものは何でもしてくれる親切な連中である。こういう欠点があるにもかかわらず、旅行、歴史及び民族学は、最上の手段であるので、私たちはできるだけ多くこれを利用しなければならない。

何よりもまず、文明とは何であるか。その第一の根本的特質は、予測である。実際、このことが人間を獣類と区別し、大人を子供と区別する主なものである。だが予測は、程度の問題だから、多少の度合は違うが、文明化された国家及び時代を、それらが演じている予測の量によって区別することができる。また予測は、殆んど正確に計ることができる。私は、或る社会のする予測の平均したものは、現在の利益の程度に逆比例するということはいいたくない。もっともこういう考えも支持することはできようが。しかしどの行為の含む予測の度合も、次の三つの要素ではかることができる。それは現在の苦痛、未来の快楽及びその二つにはさまれた期間の長さである。換言すれば、予測は、現在の苦痛を未来の快楽で割って、これに二つの間の時間をかけると出てくる。個人の予測と集団の予測とには、違いがある。貴族政治或いはまた財閥政治の社会では、ある人は現在の苦痛にたえることができるかと思えば、別の人は未来の快楽を楽しんでいる。このために、集団的な予測はしやすくなる。すべての産業主義独特の仕事はこの意味での高度な集団的予測を示している。即ち鉄道、埠頭、船をつくる人々は、その利益が数年後にならねばあがらないことを予測しているのである。

近代世界では、古代エジプト人が死者に防腐剤をぬることで示しているような甚だしい予測を示すものは誰もないことはなるほど事実である。それは、この処置は、数万年後死者がよみがえることを念頭においてしたことであるからである。これから考えると、予測以外に文明にとって重要な外の要素、即ち知識があることに気がつく。迷信に基いた予測は、完全に文明的なものとみなすことはできない。しかしそれだとて、真の文明の発展に必要な心性を作り出すこともあるかもしれない。例えば、快楽を来世にゆずる清教徒の心性は、確かに産業主義に必要な資本の蓄積をしやすくした。とにかくそれで私たちは、文明を知識と予測とを結合したものに基く生活態度と定義することができよう。

この意味の文明のはじまりは、農業と反芻《はんすう》動物を飼いならすことのはじまりと同時である。

かなり近世まで、農業民族と牧畜民族の間に明確な区別があった。創世記四十六章、第三十一節―第三十四節を読むと、イスラエル人は、エジプト人が牧畜の仕事に反対したために、エジプト本土よりむしろゴセンの地に定住しなければならなかった次第がわかる。即ち曰く、「ヨセフの兄弟達と父の家族とにいひけるは、我のぼりてパロにつげて之にいふべし。わが兄弟達と我が父の家族カナンの地にをりし者我のところに来れり、その人々は牧者にして牧畜の人なり。彼等その羊と牛およびその有る諸の物を携へ来れりと。パロもし汝等を召て、汝等の業は、何なるやと問ことあらば、僕《しもべ》等は幼少より今に至るまで牧畜の人なり。我等も先祖等もともにしかりといへ。然らばなんぢらゴセンの地にすむことをえん。牧畜は皆エジプト人の穢《けがら》はしとするものなればなり」。仏人アック（Huc, Évariste Régis 一八一三―一八六〇。フランスの伝道旅行者、ラザロ教団に入会。一八三九年中国におもむき、蒙古、チベットに旅行した）の旅行記には、中国人が牧畜民の蒙古人に示した同様の態度が見受けられる。大体において、農業型がいつも牧畜型より高い文明を現わしており、また宗教と関係することが多い。だがイスラエル民族の先祖（the Patriarchs）の羊と牛は、ユダヤ人の宗教、それについでキリスト教に相当の影響を与えた。カインとアベルの物語（創世記第四章。ともにアダムとイヴの子。神は牧羊者である弟アベルの燔祭をよみし、農耕者カインの供物を顧みないというので、兄カインが嫉妬のあまり、弟アベルを殺す）は、牧羊者が農耕者よりも道徳的であることを示そうとする一つの宣伝である。それでも文明の基は、ごく近世まで農業にあった。

今まで西方文明とインド、中国、日本及びメキシコのような他の地域の文明の相違となるものを問題としたことはなかった。また実際、その相違は、科学の勃興する前には、その後に生じて来た相違よりはるかにめだたないものであった。科学と産業主義が今日西欧文明の著しい特徴である。それでも私はまず産業革命以前では、私たちの西欧文明はどんなものだったか考えたいと思う。

西欧文明の起源に溯ると、それがエジプトやバビロニアからとり出したものは、大体において、すべての文明の特性をあらわすもので、特に西欧独特のものではない。西欧の特質だとはっきりしたものは、演繹推理の習性をつくり出し幾何学という学問を創めたギリシア人に始まる。彼らの他の長所は、はっきりめだたなかったか、暗黒時代に失われている。文学や芸術の面では、彼らは、最高であったのかもしれないが、いろいろの他の古代民族とはそう甚だしくは違っていなかった。実験科学の方面では、少数の人々、特にアルキメデスを出した。この人たちは、近代の科学的方法の先駆をなしたのであるが、学派や伝統をうち立てるまでにはならなかった。要するにギリシア人の文明に対してした唯一つの著しい貢献は、演繹的推理と純粋数学だけであった。

しかしギリシア人は、政治的には無能力だったので、ローマ人の統治力がなかったなら、ギリシア人の文明に対する貢献は消えうせてしまっていただろう。ローマ人は、文政と法典によって大帝国の統治を運営する方法を発明したのである。ローマ以前の帝国をみると、一切が国王の気力をもととして行われていたが、ローマ帝国になると、皇帝は近衛兵から殺されることもあるし、また帝国は、統治機関にほんの少し波瀾を起すだけで、競売に付すことができる。――ほんの少しの波瀾というが、事実それは、今日の普通選挙に起る具合のものでとるに足らない。ローマ人は、支配者その人に対する忠誠に反対するような非人格的な国家に献身する徳をつくり出した。なるほどギリシア人が愛国心について弁じているのは事実だが、その政治家は腐敗しており、殆んど全部のものが、その生涯をみると、いつかはペルシャから賄賂《わいろ》をとっていた。それでローマ人の国家に対する献身の精神は、西欧において、安定した政治を生み出すのになくてはならない要素であった。

西欧文明は、近代以前からあったから、それが完全な姿になるには、更にもう一つのことが必要であった。それは、政治と宗教との間に、キリスト教を通じて起る特殊な関係であった。元来、キリスト教は、全く政治的なところはなかった。というのは、これは国民としてまた個人としての自由を失ってしまった人々を慰めるものとして発達し、この世の支配者を道徳的に非難する態度をユダヤ教から受けついでいるからである。コンスタンチヌス帝以前に、キリスト教は、国家に捧げるよりも大きい忠誠心を捧げなければならない組織を発展させた。ローマが没落すると、ユダヤ人、ギリシア人及びローマ人の文明のなかで最も肝要であったものは、一つに綜合されて、キリスト教のなかに残った。即ちユダヤ人の道徳的熱情からはキリスト教の倫理観念が生れ、ギリシア人の演繹的推理を愛する心から神学が生じ、ローマ人の帝国主義や法学を模範として、教会の中央集権的統治や教会法典ができた。

一つの高い文明をつくりあげる以上の要素は、或る意味では、中世紀を通じて失われずにいたけれど、長い間いくらかひそんでいる気配があった。それで西欧文明は、その当時存在した文明のうちで最上ではなかった。即ちマホメット教徒及び中国人は、西欧人よりすぐれていた。それで西欧がかように急激な上昇の道を辿るようになった理由は、大体において、不可解というより外はないと思う。現代は、何事についても経済的原因をみつけることが流行であるが、この方法による説明はあまりにも手軽すぎる。例えば、経済的原因だけでは、スペインの没落は説明されないだろう。これは、経済的理由というより狭量と愚鈍のせいにすべきである。更にまた、経済的原因では科学の勃興の説明がつかないだろう。およそ文明は、それより優れている異なった文明に触れない限りは、没落するというのが、一般的原則である。自然発生的な進歩が起ったのは、人間歴史の中で、僅かの極めて珍らしい時期に限るし、またその場所も人口まばらな僅かな地域に限っている。エジプトやバビロニアで、字を書くことや農業が起ってきた時には、それ以前から自然発生的な進歩があったに違いないし、ギリシアには約二百年にわたるそのような進歩があった。また西欧では、ルネサンス以後には同様の進歩があった。だがこれらの時期及び場所の一般的な社会条件のうちに、何かがあって、それがこの二つを全く進歩の起ったことがない様々の他の時期と場所と違うものにするのだとは思われない。それで、私は次の結論をどうしても出さないわけにはいかぬ。それは、進歩する偉大な時代は、卓越した能力を持つ少数の人々の努力に基いているという結論である。色々の社会的政治的条件はその人たちが能力を発揮するのに必要であるが十分ではない。なぜかというと、そういう条件はあっても優れた人々がいなかったことはしばしばあったし、かような場合は進歩が起らなかったからである。ケプラー、ガリレオ及びニュートンが幼児のまま死んだとするなら、私たちの住むこの世界が十六世紀の世界と違う様子は、現在違っている様子に比較すると、甚だその程度が少いだろう。このことは、進歩というものが確実に起るものとみられないという教訓を語っている。即ち優秀な人々が出なくなると、私たちは間違いなくビザンチン的の動きのない状態（Byzantine immobility 西洋美術が東方世界に入ると硬化して、神秘的装飾的効果は大だが、動きの小さい形式ばった感じを呈す。村田数之亮編『西洋美術史』による）におちいることになるという教訓である。

私たちが中世時代のおかげで得ている非常に重要なことが一つある。それは代議政治である。この制度が重要であるというのは、そのおかげではじめて、大帝国の統治を、統治されるものが自分で選んだものだと思うことができるようになったからだ。この組織が成功する場合は、非常に高度の政治上の安定が生れる。しかし代議制は、地球上のあらゆる地方に適用することができる万能薬でないことは、最近になって明らかになって来た。実際それがうまく成功するのは、主に英語国民とフランス人に限られているように思われる。

しかしながら、あれやこれやの手段でする政治的な結合 (cohesion) は、他の地域の文明と対立するものとしてみた西欧文明の著しい特色となる。このことは、主として愛国心に基いている。この西欧の愛国心は、ユダヤ人の排他心やローマ人の国家に対する忠誠心に根ざしているけれど、イギリスの無敵艦隊《アルマダ》に対する反抗に始まり、シェイクスピアが最初に文学的に表現したごく最近の産物である。主として愛国心に基く政治的結合は、宗教戦争が終ってから、着々と西欧において強くなって来ているし、今なお急速にそうなっている。この点においては、日本も甚だ有能な弟子であることがわかった。昔の日本には、薔薇戦争の際、英国に横行したような狂暴な封建大名がいた。しかし将軍は、キリスト教宣教師の乗船によってもたらされた鉄砲や火薬の力で、国内平和を確立し、一八六八年以来、教育と神道の力によって、日本政府は西欧のどの国民にもみるような同質でゆるぎなく統一された国民を造り出すことに成功した。

近代世界にみる高度の社会的統一は、戦争技術が変化することによっている点が多い。火薬の発明以来その技術のすべては、政府の力を増していく傾きがあった。この経過は、恐らく決してとまらないものだろうが、新しい要素が加わって複雑になってきている。即ち軍備は、その軍需品を得るため、いよいよ工業労働者にたよるようになるので、大多数の人民の支持を確保することは、政府にとってますます必要になる。この支持を確保することは、宣伝技術に属する事である。そしてこの技術の面で、もろもろの政府は、近い将来に急速な進歩をするものと予想される。

ヨーロッパにおける過去四百年の歴史は、発達と没落を同時にかねそなえた歴史となっている。即ちカトリック教会が表わしている古い文化の綜合したものの没落と、非常に不完全だがこれまで愛国心と科学に基いている新しく綜合したものの発達である。私たち西欧人のうちで今までふみこんだものがない領域に、科学的文明を移しかえた場合、それは私たちのうちでそれが持っているのと同じ特徴を保っているとは、まず考えられない。キリスト教や民主主義に接木した科学は、祖先崇拝や専制君主制の上にそれを接木した時に生ずる結果と、全く違った結果を生み出すことであろう。私たちはキリスト教のおかげで、個人を或る程度尊敬することになったが、この気持は、科学としては全く無関係な感情である。科学それ自体は、私たちに何も道徳的観念を与えてくれないし、私たちが伝統から受けついでいる道徳的観念に、どんな道徳的観念がとってかわろうとしているのか、よくわからない。伝統は徐々に変化しているのに、私たちの道徳的観念は、大体において、相かわらず産業革命以前の制度にふさわしいものである。しかしこういう状態がいつまでも事実として続くとは考えられない。次第に人々は自分たちの身体的習慣に一致する思想や産業上の技術に矛盾しない理想を持つようになるだろう。生活様式の変化の度合は、以前のどの時代よりも非常に速くなっている。即ち世の中はこの百五十年間において、それ以前の四千年間でしたよりも多くの変化をしている。もしペーター大帝（ピョートル一世、一六七二―一七二五。ヨーロッパ文明を視察し、ロシアの文明化近代化につくす。ロマノフ王朝の賢君）が、ハムラビ（Hammurabi 西紀前一九五五―一九一三。バビロニア第一王朝第六代の王。南北バビロニアを統一支配し、バビロンを首都として二千年間にわたる繁栄の基をつくる。ハムラビ法典で有名）と話し合えたなら、お互に非常によく理解しあっただろうが、この二人のどちらも近代の財界或いは経済界の大立物は理解することができないだろう。近代の新しい思想が、殆んど全部、技術的または科学的方面のものばかりなことは奇妙なはなしである。科学は、やっと近頃になって慈悲心を迷信的な倫理的信仰の束縛から解放して、新しい道徳的思想の発達を促し始めた。ありきたりの掟が、（例えば産児制限を禁止する場合にみるように）苦痛を加えることを命令する場合は、思いやりのある倫理は、いつも不道徳だと考えられている。結局、自分たちの倫理を知識が左右することを許している人々は、無智を唱導するものからは悪者とみなされる。しかし私たちの文明のように科学によっている文明は、結局、非常に人間の幸福を増すことができる能力のある種類の知識をうまく抑えることができるか疑わしい。

　私たちの伝統的な今までの道徳的観念は、個人を神聖視する観念のように、全く個人的であるか、それとも近代世界にとって重要であるグループよりはるかに小さなグループにふさわしいものかのどちらかである。近代技術の社会生活に及ぼした最も注目すべき結果の一つは、人々の活動が組織され大きなグループになる度合が、前の時代よりも著しいことである。それで一個人の行為は、しばしば遠くはなれた或る一団の人々に大きな影響を及ぼしている。勿論その人々と前述の個人が属しているグループとは協力関係にあるか、闘争関係にあるかなのである。家族のような小さなグループは影がうすくなってゆき、唯一つの大きなグループ、即ち国民とか国家があるだけで、昔から伝統的に道徳といわれるものは、これに関心を持っている。その結果、現代の有力な宗教は、純粋に伝統的であるものならいざしらず、そうでない限りは、愛国心でできている。普通の人は進んで自分の生命を愛国心に捧げようとしており、この道徳的責務を至上命令的絶対的だと心から思っているので、それに反抗することは不可能だとしている。

個人の自由を求める運動は、ルネサンスから十五世紀の自由主義にいたる全期間の特徴をなしているものだが、それは、産業主義によって組織が増して来たために、ぴたっととまるだろうとは、考えられぬことではない。個人に対する社会の圧迫は、新しい形をとって、未開社会にみられたものと同様に、大きくなるかもしれないし、国民は個人的な業績よりもむしろ集団的な業績をますます自慢するようになりそうである。このことは、アメリカではもうはっきりした事実となっている。即ちアメリカの人々は、詩人、芸術家、科学者よりも、摩天楼、停車場、橋梁を誇っている。同じ心構えが、ソヴィエット・ロシアの哲学にもゆきわたっている。なるほどこの二つの国にも、個人的英雄に対するあこがれは残ってはいる。ロシアをみると、個人的栄誉はレーニンに捧げており、アメリカでは、運動家、拳闘家及び映画スターのものである。だが両国の場合、英雄は死んでいるか、とるに足らぬものなので、現在の重大な仕事は、有名な個人の名とは結びついてはいない。

価値の高いものは何でも、個人的な力よりもむしろ結集した力によって生み出されるものかどうか、またこのような文明の性質は最高であるかどうか考究することは、興味ある研究である。私はこの問題が無造作に答えられるとは思わない。しかし芸術的な事柄及び知的な事柄のどちらをみても、過去において個人が成しとげたよりよい成果が、将来協力によってあげられそうである。科学の面では、仕事は一個人よりも研究所に結びつく傾向がもうできているし、これは協力を促すものだから、この傾向が著しくなれば、科学のためになることになろう。だが重要な仕事は、どんな種類のものでも、集団的でなければならぬとするなら、必ず個人の力を或る程度切りつめることになるだろう。即ち個人は、これまで天才が普通独断的であったように、そんな態度をとるわけにはいくまい。キリスト教の道徳がこの問題に関係してくるのだが、普通考えるのと全く違った意味である。キリスト教は愛他心、隣人愛を鼓舞するから、反個人主義的であると一般に考えている。しかしこれは心理学的な誤謬である。キリスト教は個人の霊魂に訴え、個人の救済を強調している。人はめいめい隣人のためにしてやれることは、しなければならない。というのは、そうすることは、人として正しい行為となるものであるからであって、人が元来、大きなグループの一員であるからではない。キリスト教は、その起源や更にその本質からいって、政治的でなく、家庭的でさえもなく、したがって個人を生れつきのままよりももっと充実したものにしようとする傾きがある。昔は家族がこの個人主義を調整する働きをしていたが、今は衰えてゆき、人々の本能に対してもといつも持っていた支配力をなくした。家族が失ったものを国民が獲得してしまった。何となれば、国民は、産業世界に活動する余地を殆んど持たない生物学的本能に訴えるからである。しかし安定という立場からみると、国民では単位としてせますぎる。人々の生物学的本能を人類のことにあてはめるように望むことは誰でもできようが、このことは、人間全体が新しい疫病とか、或いは世界を覆う飢饉のような或る重大な危険によっておびやかされないなら、心理的にいって、実現不可能である。こういう疫病とか飢饉は起りそうもないから、世界政府を生み出す心理的な作用は認められない。但し或る一つの国民、或いはいくつかの国民が集ったものが世界を征服する場合は、別である。この世界政府は、全く発展の自然のすじ道にあるようだから、おそらくこれから先、百年か二百年の間には起ることかもしれない。現在みるような西欧文明においては、科学や産業技術の占める重要さは、昔からのすべての文明の要素を一緒にしたものより遥かにまさっている。そしてこういう新奇なものの人間生活に及ぼす影響力は、これが絶頂と思われる程度に発達してしまったと考えてはならない。即ち今日、事物は昔より早く動いているが、すべて思ったようには早くは動いていない。人類の発展史上、産業主義の発達と同じほど重要な最も手近な出来事は、農業の発明であったし、農業が地球の全面にひろがるには何千年とかかり、それには或る種の思想の体系と生活様式がつきまとっていた。そして農業的生活様式は、まだすっかりこの世の貴族社会を征服してしまってはいない。しかもそれは、独特の保守的な気分を失わず、今日のゲームの規則にはっきり出ているように、大部分狩猟時代に止っている。同様に、農業的な世界観は、後進国及び後進的な人々の中に、何年も残っていくと思うことができよう。

だがこの農業的世界観は、西欧文明やそれが東洋に生みつけた産物の特質を示すものではない。アメリカでは、半産業的精神に結びついた農業さえも認められる。それは、アメリカには土着の農民がいないからである。ロシアや中国の政府は、産業的な立場をとっているが、大勢の無智な農民と闘わなければならない。しかしこれに関連して、読み書きする能力のない人民たちは、西欧やアメリカにみるような人民よりも速かに政府の統制力によって改造することができるということをおぼえておくことが大切である。国家は、読み書きの能力を作り出し、正しい宣伝をして、青年層を導き、アメリカの最も先端的なフラッパーも驚かすほどに先輩を見下すようにしつけることができる。こうして精神の最も完全な改造を、一世代のうちで成しとげることができる。ロシアでは、この過程が最も油にのっているし、中国では、それが始まっている。したがって、この二つの国には、発展の速度がはるかにゆるやかな西欧に残っている伝統的要素の匂のない、素朴な産業的精神が発達すると期待できよう。

西欧文明は非常な早さで変化して来たし、今も変化しているので、過去に愛着を感じている多くの人々は、別世界と思われるものの中に生活している気持がする。だが現在は、ローマ時代から、とにかく存在しており、つねにインド及び中国に対して、ヨーロッパの特色を示してきた要素を、昔よりはっきり現わしているだけである。ヨーロッパの最上の時期が、アジアの最上の時期と違ってくるのは、ヨーロッパにエネルギー、偏狭な心及び抽象的知性があるからである。文学や芸術の点では、ギリシア人は世界に較べるものがなかったかもしれないが、彼らの中国にまさっている具合は、ただ程度の問題にすぎない。エネルギーと知性については、十分もう述べておいた。だが偏狭については、若干いっておく必要がある。というのは、それは多くの人々が実際に感じているよりも遥かに根づよい特徴であるからである。

ギリシア人は、なるほどどこの悪徳に溺れることは、その後継者たちより少かった。それでもソクラテスを死刑にしたのである。そしてプラトンは、ソクラテスを礼讃しているのにかかわらず、こんなことを主張した。それは、国家はソクラテス自身が偽りだとした宗教を教えなければならず、それを疑う人間は、迫害すべきだというのである。儒家、道家、または仏教徒は、こんなヒトラー張りの教説は許しはしなかっただろう。プラトンの紳士的な上品さは、典型的なヨーロッパ式のものではなかった。即ちヨーロッパは、洗煉されているというよりむしろ好戦的で才気がかっていた。西欧文明独特の味わいは、アルキメデスの発明した機械じかけでシラクサを守ったことのプルターク（Plutarch 五〇―一二〇。ポエオチアのケーロニア生れ。博学、政治的手腕あり。その著『比較偉人伝』は有名）の記録にうかがわれる。

迫害の一つのもととなるもの、即ち民衆の嫉妬は、ギリシア人のなかで相当盛んなものであった。アリスチデスは、彼の正義の人であるという評判が気にさわるというわけで、追放された。そこで民主主義者でなかったエフェソスのヘラクリトスはこう叫んだ。「エフェソス人たちは、その大人は誰でも自分で縊死し、その町をひげのない少年たちに譲ってしまうだけのことはある。というのは、彼らは、自分たちのなかで最善の人であるヘルモドロス（ヘラクリトスの友人）を『我々の中の最も優れたものは誰でもほしくない。そんな人がいるなら、どこか他の人達の方へ追いやろう』といって放り出したからである」。現代の不愉快な特色で、ギリシア人の間にもあったものは多い。彼らには、ファシズム、国家主義、軍国主義、共産主義、ボスや腐敗した政治家があったし、また喧嘩好きな俗悪な風、宗教にからまる迫害心もあった。彼らのうちには、個人としての善人はいたが、しかし私たちの間をみてもそうである。当時は、今と同じく第一流の人々のなかの相当の数にのぼるものが、追放、投獄、死刑のうきめにあった。なるほどギリシア文明には、現在の私たちの文明より本当にまさっている点が一つあった。それは警察の無能力ということである。このために、相当な人々がかなり多く逃げうせることができた。

ヨーロッパをアジアと区別するのは、他を迫害する衝動であるが、この衝動を完全に現わす最初の機会をもたらしたのは、コンスタンチヌス（在位三二三―三三七のローマ皇帝、キリスト教を公認する。コンスタンティウス一世の子、少年の頃、人質として東方にいた。父の死後皇帝となるや、マクセンティウス、リキニウスを倒し、東西を支配する皇帝となり、ビザンチンに都をうつした。三三七年、ペルシャ王に開戦をせまられ、戦地におもむく途上、病死したが、その直前、洗礼をうけてキリスト教徒になった）のキリスト教への改宗であった。もっとも今を去る百五十年の間には、自由主義の短い時期があったことは事実であるが、今日では、白人種は、キリスト教がユダヤ人から受けついだ神学的な頑固さに戻りつつある。ユダヤ人は、当初、唯一つの宗教だけが真理の資格があるという考えをうちたてたのであるが、しかし全世界をその宗教に改宗させるつもりはなかったので、他のユダヤ人を迫害するだけであった。キリスト教徒は、ユダヤ人の特別な啓示に対する信仰を守り続けるとともに、それにローマ人の世界支配欲とギリシア人の精緻な形而上学を愛好する心とをつけ加えた。この三つが一緒に組合わさったため、これまでの世界に知られているものの中で最も激しく他を迫害する宗教が生れた。日本や中国では、仏教はなごやかに受け入れられ、神道や儒教と共存することが許されたし、回教世界では、キリスト教やユダヤ人は、みつぎ物を払う限りは、干渉されることはなかった。だがすべてキリスト教団をみると、死刑は、正統派信仰からちょっとでもそれたとなると、普通下される罰である。

ファシズムや共産主義の排他心を好まない人々に私は不同意だということはない。但し彼らがその排他心をヨーロッパの伝統と別ものだとみなさない限りである。私たちのなかには、ひとを迫害する官僚的正統派の空気に息のとまる思いをするものがあるが、そういう人たちが過去のヨーロッパのどの時代にすんでみても、現代ロシアやドイツにおいて遭うよりももっとよい目に遭うことは殆んどないだろう。私たちを魔法で過去の時代につれ戻すことができるとするなら、スパルタは、ロシアやドイツのようなこれらの近代国家を改良したものと思わなければならないだろうか。十六世紀のヨーロッパ社会のように、魔法の出来事を信じないかどで、人々を死刑に処するような社会に住みたいと思うようになっただろうか。昔のニュー・イングランドに辛抱ができただろうか。或いはピザロのインカを取扱ったやり方を讃美することができただろうか。十万の魔女が一世紀の間に焼き殺された、ルネサンス時代のドイツ生活を楽しむようになっただろうか。ボストンの首席牧師が、マサチューセッツの地震を、神に対して不遜な避雷針のせいにするような十八世紀のアメリカが好きになれただろうか。十九世紀のことだが、法皇ピオ九世は、下等動物に対して人間が義務を持っていると信ずるのは異教徒的だという理由で、動物虐待防止協会に何か協力することを拒絶した時、私たちはこの法皇に同情するようになっただろうか。私の思うのは、ヨーロッパはいかに知的であっても、一八四八年と一九一四年の間の短い時期を除いて、いつもどちらかといえば恐ろしいものでありはしなかったかということだ。さて今や不幸にして、ヨーロッパ人はこのタイプに戻りつつある。

第九章　青年の冷笑

（一九二九年筆）

西欧諸国の大学を訪れる人なら誰でも、現在の知識階級の青年の冷笑的《シニカル》になっていることが以前より甚だしいという事実にいつもよく驚かされるのである。このことは、ロシア、インド、中国や日本にはあてはまらない。またチェコスロバキア、ユーゴスラビアやポーランドでもそうでないし、ドイツでは決してどこにもみるという現象でなくて、イギリス、フランス及びアメリカの知識階級の青年の著しい特徴であることは確かだと思う。そこで青年が西欧で冷笑的である理由を理解するには、東洋ではそうでない理由を改めて理解しなければならない。

ロシアの青年たちが冷笑的でないというのは、彼らがひとり残らず共産主義者の理論を受けいれているし、彼らの属する大国には、知力の助けをかりて開発されるのを待ち受けている自然の資源にみちあふれているからである。したがって青年たちには、自分たちでも価があると感じている生涯が前途に控えている。あなた方がユートピアを創り出す途中、せっせと導管をうめ、鉄道をしき、農夫たちに四マイルの線にならんで同時にフォードのトラクターを使用することを教えている時、人生の目的など考えるものではない。その結果、ロシアの青年たちは意気たかく、熱烈な信念にあふれている。

インドをみると、真面目な青年は、イギリスは悪者であるという根強い信念を持っている。即ちこの前提に基いて、あたかもデカルトの「我在り」ということから全哲学が導き出されるように、すべての理論が導き出されている。イギリスはキリスト教国であるということから、ヒンズー教や回教だけが、事実上、真の宗教だということになる。またイギリスは資本主義的産業主義的であるということから、当該論者の気質によって、インド人たるものは誰でも糸車を紡ぐべきだとか、或いはイギリスの産業主義資本主義と闘う唯一の武器として、保護関税を課し、民族的な産業主義資本主義を発展させなければならないということになる。またイギリス国民はインドを暴力で占領していることから、道徳的な力だけを讃美すべきだということになる。それでインドで国粋主義者の活動を迫害すると、そのことは彼らの活動が英雄的だと思わせるのには十分役立つが、その活動が無駄だと思わせる力はない。こうして英印人は、インドの知的な青年を有害な冷笑的態度におちいらないようにしている。

中国では、イギリスに対する憎悪心も一役かっているが、インドにみるよりも非常にその働きが小さい。というのは、イギリス人は中国という国を征服したことはないからである。中国の青年は、愛国心を純粋の欧化熱に結びつけている。その様子は、五十年前日本のどこにも見られたのと同じおもむきをしている。彼ら中国青年は中国人民が啓蒙され、自由で栄えることを望み、こういう結果を生み出すように、工夫した仕事でいそがしい。彼らの理想は、大体として十九世紀のもので、中国ではまだ古くさいと思い始めていない。中国の冷笑的態度は、王朝の役人のものであり、一九一一年来、その国を乱して来た、戦争ばかりしている軍国主義者の中に残っていたが、近代知識人の精神のなかには見当らない。

日本では、若い知識人のものの見方は、一八一五年から一八四八年の間、ヨーロッパ大陸にはやったものと似てないとはいえない。自由主義の合言葉、即ち議会政治、臣民の自由、思想弁論の自由は、今日でもなお有力である。伝統的な封建制及び貴族政治にそむいて、これらを獲得する闘争には、青年を勤勉にし、その情熱を湧きたたせるだけの十分な力がある。

西欧の悪ずれした青年にとっては、以上の熱情はすべて、少しばかり無骨に思われている。彼は広くよろずのことを学んでしまっているので、それらの見究めがついたし、「日の下には、新しきものなし」ということはわかっているとかたく信じこんでいる。勿論、日の下に新しきものなしとするこのような態度がどうして起るか、その理由は古人の教えの中にたくさんあげられているが、これらの理由は、事柄の核心をついていないと思う。何となれば、青年は事情が違うと古人の教に反撥し、自分自身の主張をうちたてるからである。今日の西洋の青年がただ冷笑的態度だけで反対するなら、何か特別な理由でこういう事情になるに違いない。青年は、人からいわれたことを信ずることができないばかりでなく、他のどんなことをも信ずることができない。これこそ特殊な状態で、是非調べるだけのことはある。まず、昔の理想のいくつかを一つ一つとりあげ、何故にそれがもう昔の熱意をふるい起さないか考えてみよう。こんな理想の中に、宗教、国家、進歩、美、真理をあげることができる。そこで、青年の眼には、これらのどこが間違っているとうつるのか。

宗教——この方面の悩みは、知的なところもあり、社会的なところもある。知的な理由のために、現在有能な人たちは、例えば、聖トマス・アキナスが持つことができたような深刻な信仰は殆んど抱くことはできない。大多数の現代人の神は、少しぼんやりしているし、少し下落して、生命力とか、「正義を強める力で私たちのものではない力」となる傾きがある。信仰家でも、自分たちが信じていると公言している来世よりも、この世における宗教の効果に関心を持つことが多い。彼らをみると、この世は神の栄光を現わすために作られたものだということを確信しているよりは、神はこの世をよくするために役立つ仮説であると確信している方が強い。神をこの地上の生活の必要に従わせて、自分たちの信仰の真実さを疑わしいものにしている。彼らは、神は安息日のように、人間のためにつくられたと考えている。また教会を近代理想主義の基礎と認めないことについては、社会学的理由もある。教会はその基金のことのために、財産を擁護することに夢中になってしまっている。その上、教会には、次のような重くるしい圧迫的な倫理思想がつきものである。それは、青年にとって無害だと思われるくの快楽を非難し、信仰心のない人々には不必要に残酷だと思われる多くの苦痛を課している。私は、キリストの教えを心から受け入れている真面目な青年を知っているが、彼らはあたかも闘争的な無神論者のように、公式のキリスト教に反対することになり、世捨人となるかまたは迫害のいけにえとなった。

国家——愛国心は、あらゆる時代、あらゆる所で、一流の人でも全面的に承認できる熱情的な信仰であった。かつてシェイクスピア時代のイギリス、フィヒテ時代のドイツ、マッチニ時代のイタリアはそうであった。また今日では、ポーランド、中国、外蒙古がそうである。西欧諸国では、今なお愛国心は非常に有力である。即ちそれは、政治、国費、軍備等を支配している。だが知的な青年は、愛国心を理想として十分なものとは認めることはできず、またそれは圧迫されている国民にとって、甚だ結構なものだが、その国民が自由となるや否や、前には勇ましいものだった国家主義は、暴虐なものとなることを彼ら青年は知っている。ポーランド人は、マリア・テレサが「涙を流したが取って」（ポーランド第一回分割にあたり、マリア・テレサが自分の道徳と国家に対する義務の葛藤に苦しんだので、プロシアのフレデリックが揶揄した言葉。“Elle pleurait et prenait toujours.”）以来、理想主義から同情されていたが、自由になるとそれを利用して、ウクライナを迫害した。アイルランド人は、八百年にわたってイギリス人の文明をおしつけられていたが、それをのがれると、自分たちの自由を利用して、多くのよい書物の出版を邪魔する法律を通過させた。かようにポーランド人がウクライナ人を殺したり、アイルランド人が文学を亡ぼしている光景をみると、国家主義は、小規模な国民にとっても、いささか不適当な理想と思われる。だが有力な国民となると、この議論は非常に力強いものになる。ヴェルサイユ条約は、理想を守る戦において、幸いに殺されなかった人々にとってそう励ましにならない。しかもその理想を彼らの支配者は裏切っている。戦争中、自分は軍国主義と闘っていると断言した人々が、終ると、めいめいの国の軍国主義の旗がしらとなった。こういう事情によって、知的な青年は、愛国心が現代の主な害悪であり、それをやわらげることができないとすると、文明を亡ぼすことになるのだとはっきり知って来た。

進歩——これは、十九世紀の理想で、人ずれのした青年たちからみると、教養不足の実業家がそのまわりを全くとり巻きすぎている。はっきりと測定することができる進歩は、どうしても自動車製造の台数とか、ピーナッツの消費量とかいうような重要でないことにみられるものである。ほんとうに重要なことは測定することができないから、そういうものは、何でも煽りたてて尻押しをする人々のとる手段として適当でない。その上、現代の多くの発明は、人々の頭を愚かにする傾きがある。例えば、ラジオ、トーキー、毒ガスをあげることができよう。シェイクスピアは、詩のスタイルによって、その時代がどれだけ優秀であるかその程度を測ったが（ソネット三二を見よ。時代の進歩とともに詩体の進歩がある）、こんな測定法は時代おくれである。

美――美というと、なぜだかはっきりいうことはむつかしいが、これには陳腐な趣きがするものが何か含まれている。もし現代の画家を、のんきに美を追求することをしているとせめるなら、彼らはとんでもないとおそろしく怒るだろう。今日、大多数の芸術家は、世の中に対する一種の怒りに燃え立って、静かな満足を生み出すというより、深刻な苦痛を示そうと思うほどになっているようにみえる。そればかりでなく、多くの種類の美を作り出すには、知的な現代人にできる程度より、もっと自分自身を真面目に考えなければならない必要がある。アテネやフローレンスのような小さな都市国家の優れた市民は、自分を大切なものと考えることは、たやすくできたであろう。地球は宇宙の中心であり、人間は創造の目的であったし、自分の都市には最上の人が現われ、自分自身はその都市の最上の人たちのうちに数えられていた。こういう状態にあっては、エスキュロス（Aeschylus 前五二五―四五六。古代ギリシアの悲劇作家）でもダンテでも、自分の喜びや悲しみを真面目に考えることができただろう。個々の事がらの情緒や悲劇的な出来事は、不朽の時のなかでほめたたえる価値があると感ずることもできただろう。だが現代人は、不幸が襲ってくると、自分を統計的にみた一つの全体の一単位であることを悟るし、過去や将来は、小さな失敗のおそろしく続いた経過となって彼の前に展開している。人自身は、無限の沈黙の間の短い幕合に、叫んだり騒いだりする些かばかげた、気取って歩く動物のように見える。リヤ王は「着かざらん人間は、汝のようなみすぼらしい赤裸々の二本足の動物たるに過ぎんのじゃ」（『リア王』第三幕第四場、坪内逍遥訳による）といっており、こういう考えにはなれないため、その結果、彼は狂気に追いこまれている。だが現代人には、この考えは珍らしくなく、ただそれによって、現代人は浅薄になるばかりである。

真理——昔をみると、真理は、絶対的、永遠的で、超人的のものであった。私自身、若い時、この考えをもっともだと思い、真理の探求に青春を空費した。だがありとあらゆる敵が起って来て、真理を殺してしまった。即ちプラグマティズム、行動主義、心理主義、相対性物理学等がそうである。ガリレオと宗教裁判所は、地球が太陽を廻転するか、それとも太陽が地球を廻転するのかという点で、意見の一致をみなかった。両者は、この二つの見解の間に非常な違いがあると考える点では、一致していた。だが両者が一致しているその点が、両者ともに間違っている所である。即ち相違は、言葉の相違にすぎない。昔は真理を拝むこともあったらしい。事実、その崇拝の真剣であることは、人身御供《ひとみごくう》を行っていたことで証明されよう。だが単に人間的で相対的な真理を崇拝することはむつかしい。エディントン（Eddington, Sir Arthur Stanley 一八八二―一九四四。イギリスの天文学者、物理学者。マンチェスター大学、ケンブリッジ大学に学ぶ。島宇宙説等研究業績によりナイトに叙せられた）によると、引力の法則は、測定の便利な方法にすぎない。その法則は、他の見解より真理であることはない。せいぜいメートル法が、フィートやヤードより真理であるというぐらいのものである。

自然及び自然の法則は、暗闇にかくれいたり。

神「ニュートンあれ」と言いたまいければ、測ることたやすくなれり。（創世記第一章第三節のAnd God said, Let there be light ! and there was light（神光あれと言いたまいければ光ありき）をA・ポープがもじって、Nature and nature's laws lay hib in night. God said, let Newton be ! and all was light といったのを、さらにラッセルがこのようにもじった）

この気持には、崇高さに欠けるところがあるようだ。スピノーザが何かを信ずる場合は、神の知的な愛をうけていると考えた。現代人は、マルクスにならって、自分たちは、経済的動機によって支配されていると信ずるか、或いはフロイドにならって、指数論や紅海の動物相の分布を信ずるにも、何か性的な動機がひそんでいると思っている。どちらの場にしても、現代人はスピノーザにみられるような心の高まりにあずかることはできない。

今まで私たちは、合理的な方法で、現代の冷笑癖を何か知的な原因があるものとして考えて来た。しかし現代の心理学者がいつもたゆまず私たちに教えてくれているところによると、信ずることが合理的動機できめられることは、殆んどないし、また信じないことも同様である。だが懐疑論者はしばしばこの事実を見のがしている。どんな場合にも、懐疑主義がひろがるのには、知的な原因があるというより、むしろ社会的原因があることが多い。主な原因となるのは、無力な慰めである。

権力を握っている人たちは、冷笑的《シニカル》でない。というのは、その人たちは自分たちの理想を無理にも行うことができるからである。またおよそ圧迫の犠牲となったものもシニカルではない。というのは、その人たちは憎悪の念で胸がいっぱいになるからであり、憎悪の情は他の強い情念と同様、それにつきまとった一連の信念を生み出すからである。教育、民主主義が発生せず、大量生産の出現しないうちは、知識人はどこででも事件の進行に相当な影響を及ぼしていた。そしてその影響は深刻で、彼らの首が刎ねられても決して消え失せるものではなかった。ところが現代の知識人はこれと全く違った状態にある。彼が宣伝屋かまたは道化師となって、自分のサーヴィスを愚かな富豪に売りこむなら、もうかる仕事やよい収入をせしめることは、決してむつかしいことではない。大量生産や初等教育の結果、愚かなものが、文明発祥以来のどの時代よりも厳重に守られることになった。ロシア帝政政府がレーニンの兄弟を殺害した時、彼はそのために冷笑家になることはなかった。なぜかというと、憎悪心が彼に終世の活動、結局彼が成功した仕事を吹きこんだからである。だが西欧でロシアよりもっと安定している国では、憎悪心をかきたてるこんなに有力な原因や、或いはかようにはなばなしい復讐の機会はない。知識人の仕事は政府や金持から命令されており、その報酬を受けている。もっとも金持の目的は、それに従事する知識人の眼からすると、有害でなくても不合理に見えることが多い。しかし冷笑的な気持の勢にまかせて、彼ら知識人は、自分の良心をその状況に適応させることができる。なるほど実際、現在存在すると思われる有力者が望む全くすばらしい仕事をする或る種の活動もある。その主なものは、科学であり、それにつぐものは、アメリカにみる公共建築である。だが人間の教育が科学的でなく文学的であったなら、今でもそういう場合が多すぎるが、とにかく二十二歳になると、自分には相当腕前があることに気づくが、それを自分からみて有意義だと思われるようには、発揮することはできない。科学者は西欧でも冷笑的にはならない。それは、彼らが社会の全幅の賛意を得て、自分たちの最善の精神力をふるうことができるからである。冷笑的になれないが、この点で彼らは、現代知識階級のうち、まれにみる幸福ものである。

この状況判断に間違いがないなら、現代の冷笑的態度は、ただ説諭したり、牧師や教師が、古くさくなった迷信にみちた錆ついている庫から探り出した理想よりましなものを、青年の前にひけらかすことでは、なおすことはできない。それがなおるのは、知識階級が自分たちの創造的衝動を具体的に実現する生涯を見出すことができる時だけであろう。この際、ジスレリーが唱えた「我らの主人を教育せよ」という古い処方箋以外、処方箋は一つも見当らない。だがこれは、必ずや現在、プロレタリアや金持に普通与えているよりもっと本当の教育となろうし、また誰もその恩恵にあずかる時間がないほど多くの品物を生産しようとする功利的な欲望ばかりでなく、真の文化的な価値をいくらか考えにいれた教育となるだろう。誰でも人体について何か知っていないなら、投薬は禁止されているのだが、財政家は自分の活動について、唯一の例外として、自分の銀行勘定に及ぼす結果だけは知っておかなければならないが、その他に起す色々の結果は知らないで、自由にふるまうことが許されている。誰でも経済学やギリシアの詩に関する試験に及第することができなければ、株式取引所で働くことが許されないし、また政治家は、歴史や現代小説について十分な知識を持たなければならない世の中なら、何と楽しいことだろう。「あなたが、小麦の買占めをしたなら、ドイツの詩にどんな影響を及ぼすでしょうか」という質問をつきつけられた財界の巨頭を想像してみたまえ。現代社会の因果関係は、大きな機構がふえたために、その脈絡がもとより複雑で広がっている。それだのに、これらの機構を支配する人々は、自分たちの行為の結果の百分の一も知らない無知なものたちである。ラブレーは自分の大学における地位を失うのを心配して、匿名で著書を出した。ところで、現代のラブレーなら、自分の匿名は、周知させる方法が完全になっているので、見破られることを知っているから、そういう書物を書かないだろう。世界の支配者たちは愚かものにきまっていたが、昔は今ほど力を持っていなかった。それで支配者たちを確実に賢くする方法を発見することは、昔よりはるかに大切である。この問題は解決されないものだろうか。私はそう思わないが、さりとて、それはやさしいことだと主張する気には、なかなかなれない。

第十章　一本調子の現代

（一九三〇年筆）

アメリカにおもむくヨーロッパ人の旅行者は、――少くとも私だけの意見で判断することを許されるなら――二つの特色に驚かされる。それは、第一には、（昔の南部を除いて）アメリカ各地の様子が極端に似ているということであり、第二には、各地方が、自分たちこそ特殊なもので、他のすべての地方より違っていることを証明しようとする激しい欲望である。いうまでもなくこの第二の特色は、第一の特色から生れたものである。どの地方も地方の誇をうちたてる根拠を望んでいるから、地理、歴史、或いは伝説の方面で、異色のあるものなら何でも大事にしている。実際に存在している斉一性が大きければ大きいほど、それを和げるような違いを求めることがいよいよ熱心になる。昔の南部といった地方は、事実、アメリカの他の地方と全く違っている。あたかも違った国にやって来たと思われるほど違っている。南部は農業的、貴族的で、昔を懐しんでいるのに、南部以外は工業的、民主的で、未来をあこがれている。私は昔の南部以外のアメリカが工業的であるといったが、そういう時は、殆んど全部をあげて農業に専心している地方のことも考えの中にいれての話である。というのは、アメリカの農業家の考え方は工業的だからである。その人たちは現代的な機械をたくさん使っており、鉄道や電話に心からたよっており、生産物を送りこむ遠方の市場のことをしっかりと頭の中に入れている。真に農家は、他の仕事にみられるような資本家である。ヨーロッパやアジアにいるような農夫は、事実アメリカでは見受けることができない。このことは、アメリカにとって非常に有難いことであり、旧世界に比較した時、その最も重要な長所であろう。なぜなら、旧世界の農夫はどこのものでも残酷、貪欲、保守的で、能率のあがらないものだからである。私は、シシリー島のオレンジ園を見たこともあるし、カリフォルニアのも見たことがある。この二つを比較すると、およそ二十年という年限の経過が現われてくる。シシリーのオレンジ園は、列車や汽船の便から離れており、その樹は古く、ふしくれ立っており、美しいし、栽培法は古典的な旧式さである。それに従事する人々は、無知半開の民で、ローマの奴隷とアラビア人の侵入者の合の子の子孫である。彼らは、樹木について無知である欠点を、家畜を酷使して補っている。彼らには道徳的堕落、経済的無力ということがあるかと思えば、それと並んでいつもテオクリトス（Theocritus 前三一〇―二四五。シシリア生れの詩人、ギリシア田園詩を創めた）やへスペリデス（宵の星ヘスペロスの娘たち、ヘラがゼウスと婚約した時、女神がヘラに送った黄金の林檎を守った。彼女らは、竜にたすけられて、林檎の木を守ったが、ヘラクレスがこれを手にいれた）の園にまつわる神話を想いおこさせる本能的な美の感覚があった。カリフォルニアのオレンジ園では、ヘスペリデスの園のおもかげは非常に縁遠く思われる。オレンジの樹はみなすっかり同じで、丹念に手入し、適当な間隔をおいて植えている。なるほど、オレンジの実は、すっかり同じ大きさではないが、綿密な機械がそれをえりわけて、自動的に一つの箱の実はすべて同じ大きさのようにする。オレンジは適当な点で、適当な機械によって適当のものをほどこされて進み、そのあげく適当な冷凍車に入れられ、適当な市場に送られる。機械で、オレンジに「サンキスト」(Sunkist) という言葉をおす。そうしなければ、オレンジの生産に自然が一役かっていることを示すものは、何もない。気候までも人為的である。というのは、ほっておけば霜がふりそうだという場合には、オレンジの木を人為的に煙幕であたためておくからである。かような種類の農業に従事する人々は、自分たちのことを昔の農家のように、自然力につかわれる辛抱強い奴隷だと思わない。それどころか、自分たちこそ自然力の主人であり、この力を自分の意志どおりにすることができると思っている。それだから、アメリカには、旧世界にみるような工業家と農業家の立場の違いにあたるものはない。アメリカでは、環境の演ずる役割は、人間のがわから来るものが重い。これにくらべると、人間的でない環境の力は無意味になってしまう。私はいつも、南カリフォルニアでは気候がいいので、住民は太平の逸民《ロータス・イーター》になってしまったと確信していたが、白状すれば、その証拠は見なかった。その土地の人々は、ミネアポリスやウィンニペーグの人々と、この両地方の気候景色その他自然の条件はこの上もなく違っているのだが、そっくり同じに見えた。ノルウェー人とシシリー人の相違をよく考え、その相違を（例えば）北ダコタ出身のものと南カリフォルニア出身との間に相違がないことと照しあわせると、人が自然の環境の奴隷とならずに、その主人となって、人間の事情にまき起す大革命がつきとめられる。ノルウェーとシシリーとの両方には古い伝統があり、人間は風土に反応することを具体的に物語るキリスト教以前の宗教があった。それで、キリスト教がこの二国にはいって来ると、非常に違った形をとるようになったのはやむを得ない。ノルウェー人は氷と雪を恐れ、シシリー人は熔岩と地震を恐れた。地獄は南の風土で発明されたものである。もしノルウェーで発明されたものなら、それは冷たいものになったろう。だが北ダコタや南カリフォルニアでは、地獄は気候の一つの状態ではない。そのどちらの地方にとっても、地獄は金融市場のひっぱくである。このことは、現代生活にとって気候が大切でないことをはっきり示している。

アメリカは、人間が造った世界である。しかも人間が機械を使って作った世界である。私は、物的な環境ばかりでなく、それと全く同じように思想や感情のこともいっているのである。本当に世をさわがす殺人事件を考えてみなさい。下手人は、実際の話が、幼稚な方法でやるかもしれないが、その行為をひろく知らせる人々は、あらゆる最新式の科学的な方法でそうするだろう。大都会ばかりでなく、大草原にある淋しい農園やロッキー山脈のなかの鉱山の宿営地では、ラジオがあらゆる最新の情報をまきちらしているので、その日の話題の半分は、この国中のどの家庭をみても同じである。私が平原を横断している列車の中のことであるが、拡声器が石鹼の広告をがなりたてているのをきくまいと頑張っていると、年とった農夫がにこにこして私のところにやって来て、「きょう日、どこにいらっしゃっても、文明からお逃げになることはできますまいよ」といった。悲しいかな、真に至言である。——私はヴァージニア・ウールフ(Woolf, Virginia 一八八二—一九四一。イギリスの女流作家)を読もうと努力したが、広告の方が勝った。

生活の物質的方面のしくみが同じ型にはまることは、たいして重大なことがらではないが、思想や輿論の面で、型が同じようになることの方が、はるかに危険である。しかしそうなるのは、現代にいろいろ発明がなされた結果としてやむを得ないことである。生産は小さな単位を多く作ってそれに分けてするよりも、統一して大規模にする方がやすくつく。このことは、ピンの製造にあてはまると全く同様に、輿論をうみ出すことにもあてはまる。今日、輿論をつくり出すもととなるのは、学校、教会、新聞、映画及びラジオである。小学校の授業は、装置を使えば使うほど、どうしてもますます標準化されることになる。映画、ラジオの学校教育で演ずる役割は、近い将来、急激にまして来るとみて差支えないように思われる。このことは、教課は一つのセンターで作られるから、このセンターで作られた教材を使用するところならどこでも、その教課はすっかり同じだということになろう。聞いた話だが、或る教会は、毎週、所属の修養不足のすべての牧師に向って、模範となる説教を放送しているとのことである。その人たちは普通の人情の法則で動かされているなら、当然、自分で説教を作る苦労の助かることを有難く思うはずだ。勿論、この模範説教は、その当時やかましくなっている話題を取扱い、津々浦々にわたって一定の大衆的感情を起すことをねらっている。同様のことが、新聞社についてもあてはまる。しかもそのあてはまる程度は、説教の場合よりも上まわっている。というのは、どこの新聞社も、同じ電報通信を受けており、大規模の同一経営《シンジケート》になっているからである。気がついていることだが、私の書物に対する批評は、一流の新聞を除けば、ニューヨークからサンフランシスコに、マイン（Maineアメリカ北東部の州）からテキサスに至るまで文字通り同じである。ただしその書評が、北東から南西に移るにつれ短かくなっていくことだけは別である。

現代世界で、画一化を盛んにするあらゆる力のうちで、最も有力なのは、映画であろう。そういえるのは、映画の影響は、アメリカだけに限られておらず、ソ連以外の世界のあらゆる地方にしみこむからである。しかしソ連も、その国独特の他の国にみない画一性を持っている。大げさにいうと、映画はアメリカ中西部で好まれているものに関するハリウッドの見解を具体的にはっきりさせたものである。恋愛、結婚、出生、死亡についての私たちの気持は、ハリウッドの処方箋のために標準化されて来る。あらゆる土地の青年たちからみると、ハリウッドは、富めるものの快楽及び富むためにとるべき方法の二つを語ることによって、現代的ということについて、決定的な意見を表わしていることになる。トーキーは間もなく世界的な言語を用いるようになるだろうと思う。しかもそれはハリウッドの言葉である。

アメリカで画一性を見受けるのは、ただ比較的無教育の人々の間にだけ限られているわけではない。文化の方面にも、程度はそれほどでもないが、やはり画一性がみられる。私はこの国の到るところの書店を訪ねたが、どこでも同じベスト・セラーをめざましく並べたてているのに気がついた。私の判断の及ぶ限りでは、アメリカの教養ある婦人が毎年買う本は、およそ十二冊で、しかもどこにいっても同じ十二冊である。著者の立場からいうと、自分の著書がこの十二冊のなかにはいるなら、この状態は、非常によろこぶべき現象である。だがこれは、確かにヨーロッパとの違いを語っている。なぜかというと、ヨーロッパでは、少数の本が手びろく売れるよりも、多くの本が小きざみに売れるからである。

画一の状態に向う傾向は、善いことばかりとか、或いは悪いことばかりだとは考えてならない。その傾向には、甚だしい利点もあるが、甚だしい欠点もある。利点の主なものは、いうまでもなく、この傾向のために、仲よく協力のできる人々が生れることであり、甚だしい欠点は、少数党を迫害しがちな人々ができることである。この後の方の欠点は、一時的のものであろう。というのは、間もなく少数党はなくなりそうに思えるからである。勿論、どうして画一化するか、その方法によってきまることが多い。例えば南部のイタリア人に学校がとる処置を考えてみよう。南部のイタリア人は、昔からずっと、人を殺したり、賄賂をとったり、美的感受性が豊かだったりすることで有名であった。ところでアメリカの公立学校の教育は、彼らからこの三つの性質のうち、最後のものをみごとに取り除き、その程度だけもとからいるアメリカ民衆に同化させたが、その他の二つの著しい性質については、学校側の成功はそれほど目だたないと思う。このことは、画一化をめざす時に起る危険の一つを示している。即ち、善い性質は悪い性質より破壊しやすいために、すべての標準をおとすと、画一化は最もたやすくすることができる。いうまでもなく、多くの外国の人々を抱きこんでいる国は、学校教育によって、移民の子供を同化しなければならない。だから或る程度のアメリカ化はやむを得ない。しかしこのプロセスの大部分をいささか騒がしい国家主義でしなければならないのは、不幸なことである。アメリカは、もう世界最強の国であり、たえまなくその優勢はつのっていく。この事実は、当然、ヨーロッパに恐怖心をまきおこすし、軍国的な国家主義をほのめかすあらゆるものが、この恐怖心を増していく。もともと政治的にすぐれた感覚をヨーロッパに教えることがアメリカの宿命であろうが、弟子であるヨーロッパは、なかなかいうことをきくものではあるまいと思う。

アメリカにおける画一化の傾向には、誤った考えのデモクラシーがついてまわっていると私には思われる。アメリカで誰でも持っている考えだとみられるのは、民主主義とはすべての人々が同様になることを命令するものであり、或る人が他の人と何かの点で違っているなら、その人は自分を他人より優れたものとして、「せりあげて」いるというのである。フランスは、アメリカと全く同じように民主的であるが、かような考えは、フランスには見当らない。フランスでは医師、法律家、僧侶、官吏の型は、みなそれぞれ違っている。どの職業にもそれぞれの伝統や標準があるが、それだからといって他の職業よりまさっていると叫ぶことはしない。アメリカでは、あらゆる職業人が実業家の型になってしまっている。それはちょうど、オーケストラはバイオリンだけで構成すべきだと定めたようなものである。社会は、色々の機関がさまざまの作用を営んでいる一つの型或いは有機体でなければならぬという事実を、ほどよく理解していないようだ。眼と耳が、見ることがすぐれているか、それとも聞くことがまさっているかと口論して、どちらも両方ができないから、役に立たぬと判断する場合を想像してごらんなさい。こういうことが、アメリカで理解している民主主義のように、私には思われる。広く一般的にゆき渡らせることができなくて、一部分のものに何か優れた点があれば、それについて不思議なねたみが起るものである。もっとも運動競技の分野は別で、ここでは第一流の人々が心から歓迎されている。おしなべてアメリカ人は、知力よりも、筋力の面で、謙遜になれるようだ。こうなるのは、恐らく、アメリカ人の筋力に対する礼讃の気持が、知力礼讃よりも根強く真面目であるからだろう。アメリカで通俗的な科学書が流行するのは、科学には、専門家でなければ理解することができないものが何か含まれていることを認めるのがいやだという心理が、働いているからである。勿論、全部がそうなるのではなくて、一部分の話である。例えば、相対性原理を理解するには、特別な訓練が必要であろうと思うと、何かいまいましくなるが、しかし一流のフットボール選手になるには、特別な訓練が必要だという事実をきいても、誰もいまいましいとは思わない。

すでに出来上っている優れたことならば、アメリカは恐らくどの国よりも讃美するだろうが、これから何かに優越する道を辿ることは、若い人々にとって非常にむつかしくなっている。それというのは、アメリカの民衆なるものは、その当該人物がすでに「優秀」であるときめられていない限り、風がわりなことや、「自分をせりあげる」ということを許すことができないからである。その結果、完成した手本で、最大の讃美のまととなっているものの多くは、アメリカ国内で生み出すことはむつかしく、ヨーロッパから輸入しなければならない。この事実は、標準化や画一化と結びついている。誰でもその道の大御所が設けた手本にうわべだけ見習いさえすればいいといわれている限り、若い人たちが特に芸術的方面で、ずばぬけた業績をあげようとすると、非常な障害にどうしてもぶっつかることになる。

標準化は、特別例外的な個人にとっては、ためにはならぬかもしれないが、たいてい、普通の人の幸福を増すものである。というのは、普通の人は、標準化のおかげで、自分の考えは聞き手の考えと似ているだろうという確信をもって、それを述べることができるからである。それればかりでなく、標準化は国民の結合をうながし、政治を、はるかに著しい意見の相違がある場合よりも、過激でなくする。私は、この利益損失の差し引き勘定ができるとは思わないが、今日、アメリカに見る標準化は、世の中がもっと機械化するにつれて、ヨーロッパ中にゆきわたる気配があると思う。したがって、この標準化のためにアメリカに起る欠陥に気づくヨーロッパ人は、自分たちの国に将来起る欠陥に気づいているのであり、また文明のどうしても避けられない一般的傾向に反抗しているのだと悟るべきである。国民の間の違いがなくなるにつれ、国際主義を実現することはいよいよたやすくなるのは、疑うことはできない。そして一度、国際主義が確立されると、社会が結合することは、内部の平和を保つために、非常に大切になってこよう。この場合、さきのローマ帝国にみる不動の状態《インモビリティ》と同じ状態が起る、或る種の危険のあることは否定できない。だがこの危険に対抗するものとして、現代的の科学や技術の革命的な力を据えることができる。そして現代社会の新しい特色となるこの力は、一般的な知的な面の堕落は論外として、不動停頓の状態が起らないようにし、過去において、数々の大帝国をおそったような停滞をくいとめるだろう。歴史からとった論証を現在及び将来に適用するのは危険である。なぜかというと、科学が昔とまるで違う変化をもたらしたからである。したがって、標準化は、これになれない人々からどんなに嫌われても、必要以上に悲観する理由はない。

第十一章　人間対昆虫

（一九三三年筆）

戦争や戦争の噂のうずまくなかで、軍備縮少の提言や不可侵条約が、戦争をすると未曾有の禍をこうむるぞと人類をおどかしている一方、この戦争と別のもので、恐らくもっと重大な闘争は、注意をひくことが非常に少い。本来ならもっと注意されるべきである。——その闘争というのは、人間と昆虫の間の闘争である。

私たちは創造主になりきっている。もう穴居人のように、ライオンや虎、マンモースや野猪を恐れる場合は起らない。私たちはお互人間同士敵対する時の外は、みな安全だと思っている。大きい動物は、もう私たちの生存をおびやかさないが、しかし小さい動物は、話が違う。この地球上の生物の歴史をみると、小型の動物が大型の動物にとって代っている。何年も恐竜《ダイノソア》は、お互同士を恐れる外は心配せず、自分たちの支配が絶対であることを疑わず、平気で沼や森を歩きまわっていた。しかし彼らは姿を消し、小さな哺乳動物——廿日鼠《はつかねずみ》、小さなはり鼠、やっと鼠ほどの大きさの馬の先祖《ミニアチュア・ホース》がとって代った。なぜ恐竜が死にたえたかわからないが、それでも恐竜の脳が小さい上に、多くの角の形をした攻撃用の武器を発達させるために、一切を捧げてしまったからだと思う。それはともかく、生命が発展するのは、攻撃の武器の方面からではなかった。

哺乳類は、最も優秀なものになったので、形が大きくなっていった。しかし地上最大の動物であるマンモースは姿を消し、その外の大型の動物も、人間や人間が家畜としてしまった動物を除いては、数少くなってしまった。人間はその知力のおかげで、そう大きくないのにかかわらず、大人口を支える食物をうまく発見した。それで今は安全であるが、ただし小動物——昆虫や微生物の危険を免れているわけではない。

昆虫のまず第一に有利な点は、その数が多いということである。小さな樹木にも、世界中にある人間と同数の蟻がやすやすと宿ることができる。昆虫の他の有利な点は、食物が人間が食べられるほど十分熟さない先にこれを食べることができる点にある。或る比較的狭い地域だけに生きていく習性のある害虫は、うっかりしているうちに、人がこれを新しい環境に移してしまい、そこでこの害虫は莫大な損害を与えている。旅行、貿易は、微生物ばかりでなく、昆虫にとっても役に立つ。黄熱病は、もと西アフリカだけにあったのだが、奴隷売買業者によって、西半球に運ばれた。今日では、アフリカが開発されたため、黄熱病は次第にその大陸を横ぎって東に進んでいる。それが東海岸に達すると、インドや中国からしめ出すことは殆んどむつかしくなるだろう。そしてそれらの国々の住民の半ばは、この病気で倒れるものと想像することもできそうだ。眠り病は、もっと恐ろしいアフリカの病気で、これも次第にひろがっている。

幸にも、科学は害虫を抑える方法を発見している。害虫の大部分は、多くの害虫を殺して、生き残っているものは重大な問題にはならないようにする寄生虫に頭があがらない。それで昆虫学者は、かような寄生虫の研究や飼育に努力している。彼等の活動に関する公式の報告は、ほれぼれするものがあって、次のような文章を見受けることが極めて多い。「彼は、トリニダットの農園主ののぞみに応じて、さとうきびあわふき虫をやっつける自然の敵を探すために、ブラジルにおもむいた」。さとうきびあわふき虫は、この争いで殆んど勝目がないといえるだろう。戦争が続く限り、一切の科学的知識は、賛否両面の働きをする。例えば、先日亡くなったばかりのフリッツ・ハーバー教授は、窒素固定法を発明した。彼は地力を増すために、それを企てたのだが、ドイツ政府は、高度の爆薬製造に利用し、最近になって爆弾よりも肥料を大切にしたかどで、彼を追放した。来るべき大戦では、敵味方どちらの側の科学者も、相手方の農作物の上にペスト菌を放つだろう。それで平和がやって来ても、ペスト菌をやっつけることは、殆んど不可能に近くなるだろう。私たちの知識がふえると、ふえるだけ、互に傷つけ合うことが多い。人間は、互に激しく憎み合ったあまり、次の大戦争が起った場合に、間違いなくそうするように、昆虫や微生物の助けを求めるなら、昆虫が、ただ一つ最後に残った勝利者となることも、決して考えられないことではあるまい。宇宙的立場から考えると、おそらくこのことは、嘆くに当らないことであろうが、私は人間として、我が人類の運命について嘆息せざるを得ないのである。

第十二章　教育と訓練

まじめな教育説なら、どれでも次の二つの部分から成り立っているはずである。即ち人生の目的の構想と心理学的力学という学問、換言すれば精神的変化の法則を研究する学問である。人生の目的について意見が違う人々は、お互に教育について一致することを望むことはできない。西欧文明の及んでいる全地域の教育機関は、二つの倫理説、キリスト教の倫理説と国家主義の倫理説に支配されている。この二つのものは、深く考えると、ドイツではっきりして来ているように、両立するものではない。私としては、この二つが争う場合は、キリスト教が望ましいが、仲よくしている場合は、両方とも間違っていると思っている。教育の目的として、この二つととりかえなければならぬと思う概念は、文明である。この用語には、私のいう意味では、一部分は個人的、一部分は社会的な定義が下される。文明は、個人的にみると、知的な性質と道徳的な性質からでき上っている。知的には、或る最少限の一般的知識、自分の職業をやってのける技術上の熟練及び証拠によって意見を立てる習慣をそなえており、また道徳的には、或る最少限の公平、親切と少しばかりの自制心を持つことである。私は更にこれに或る性質をつけ加えるべきだと思う。それは、道徳的でも知的でもないが、心理的といえるものであろう。即ち生きる熱意とよろこびである。社会を背景として考えると、文明のためには、法律尊重、人と人の間にあるものとしての正義、人類のどんな分野に対しても永久的な害をまき起さないような意図及び手段を目的に合理的に適応させることが必要である。こういうことが教育の目的であるとするなら、それを果すために何ができるか、特にどの程度の自由を許すのが最も効果的であろうかなどを考究することが、心理学という科学の問題となる。

教育における自由の問題について、現在、三つの主な思想の流れがある。それは、一部分は教育の目的の相違から、また一部分は心理学説の相違から生れて来たものである。それで、子供はどんなに悪くても、すっかり自由にしておけという人々もあるし、どんなに善い子供でも、或る権威にすっかり従わすべきだという人々もあるし、また子供は自由にしておくべきだが、自由放任しておいても、常に善であるはずだという人々がある。この最後の一派は、理論上当然そうあるべきものより、度はずれたことをいっている。大人もそうであるが、子供はすべて自由にしておくなら、道徳にそむくようになろう。自由であれば、道徳的にみて完全な状態が必ず生れるという信念は、ルソー主義の名残りで、動物や嬰児を科学的に研究すると、この信念はくずれよう。この信念を奉ずる人々は、教育は積極的な目的を持ってはならないもので、自然的発展に好都合な環境を提供するだけにすべきものだと考えている。私はこの一派に同意することはできない。これは非常に個人主義的でありすぎて、知識の大切なことをあまりにも問題にしていない。私たちは協力を必要とする社会に住んでいるので、必要な協力がすべて自然の衝動から生れて来るのを望むのは、夢物語であろう。限られた狭い地域に多くの人々が住むということは、科学や技術のおかげでやっとできるのだから、教育は最少限度に必要なこれらのものを授けなければならない。最大の自由をゆるす教育者は、あらゆる衝動を抑えずほうりっ放しにしている所では殆んど生れそうもない或る程度の慈愛、自制、訓練された知性によって成功した人々である。したがって彼らの功績は、自分たちの自由教育の方法を緩和しないなら、永続きするものではあるまい。社会の立場からみた教育は、単なる成長の機会であるよりも、むしろ何かもっと積極的なものでなければならない。勿論、教育はこの成長の機会を提供はするが、また子供が全く自分ひとりで身につけることができない精神的、道徳的な素養を提供しなければならない。

教育に多くの自由を許すことに賛成する議論は、人間が生れつき善であるということから来るのでなく、権威が、その支配を受ける側、またそれを実施する側の両方に及ぼす影響を考えることから起って来る。権威に従う人々は、いいなりほうだいになるか、或いは反抗的になり、そのどちらの態度にも欠点がある。

権威のいいなりほうだいになる人は、考えたり行ったりする二つの面で、人よりおくれをとる。それればかりでなく、出ばなをくじかれているという感情から立腹し、自分たちより弱いものをいじめて、その鬱憤をはらそうとする傾きがある。これが理由となって、暴虐なしきたりがいつまでも続いている。即ち父親から苦しめられたことを自分のむすこに負わせるし、パブリック・スクールでたえしのんできた屈辱を忘れず、それを、自分が大英帝国の建設者たる植民家となった時は、「土人」に転嫁する。こうしてあまりにも権柄ずくの教育をすると、生徒は臆病な暴君になり、独創的な言行を主張し得ないし、人がしてもこれを心を広くして許すこともできない。さて教育者に及ぼす影響はもっと悪い。教育者は加虐的《サディスティック》な訓練家となり、恐怖心を起すことを喜び、外の何も起さないでも苦にしない。こういう人間が知識を説明すると、生徒は知識を嫌悪することになる。この知識に対する嫌悪は、イギリスの上流階級の間では、人間性に含まれていると思われているが、実は、権柄ずくの教育者の根づよい憎悪心に含まれている。

一方、反抗者のことを考えると、彼らは必要なものかもしれないが、この世に存在するものについて、公平な態度をとることはまずできない。その上に、反抗には多くの方法があり、そのごく少数だけが、理にかなったものである。ガリレオは反抗者だが、賢明であった。ところが地球平面説を信ずる人も彼と同様、反抗者であるが、愚かである。権威に反抗することは、本来、価値のあることであり、また因襲的でない見解は、いつも必ず正しいと考えていくと危険である。街燈を粉砕したり、シェイクスピアは詩人でないと主張したりしても、何の役にも立たない。しかもかように度のすぎた反抗心は、あまり強すぎる権威が、元気な生徒に及ぼした結果である。したがって、反抗者が教育者になると、生徒に挑戦的な態度をかきたてることになる。しかもそれと同時に、教育者としての彼らは、生徒に完全な環境をつくり出してやろうとするのだが、この二つの目的は両立することはまずあり得ない。

必要なものは、いいなりほうだいになる態度でもなく、また反抗心でもなくて、善良な性質であるし、また人々や新しい思想のどちらとも広く親しむ性質である。こういう性質は、旧式教育者のあまりに注意を怠りすぎる物質的原因に基いて起ることもあるが、生命力の衝動を防ぎとめた時によく起る傷めつけられた無能力の感じをまぬがれるということに基くことが一そう多い。幼いものが、親しみ深い成人にこれからなるとするなら、多くの場合自分たちの環境はめぐまれていると感ずることが必要である。こういうふうになるのには、子供の大切な欲望を思いやることが必要で、神に栄光あらせたり、また国家を偉大にするという何か抽象的な目的のために子供を使おうとすることだけが必要ではない。そして教授の際は、教わっていること――少くともそれが真実であるなら――を知ることが、自分の役に立つと生徒に感じさせる工夫を手をつくしてしなければならない。生徒が進んで協力するなら、学習の早さはそうでない時より倍になるし、その疲労は半分である。以上のすべてのことが、高度の自由を認める正当な理由とみて差支えない。

しかしもっと議論をひろげることはむつかしいことではない。子供たちは奴隷特有の悪徳をさけるために、貴族特有の悪徳を身につけることは望ましいことではないのである。他人に対する思いやりは、大事件に関するものばかりでなく、瑣細な日常茶飯事について考えてみても、文明にとってなくてはならない要素であるから、これがないと社会生活はたえられないものになるだろう。私は、この場合、「どうぞ」とか、「有難うございます」とかいうような行儀作法の形式的方面を考えているのではない。形式的な作法は、未開人の間でこそ最も完全に発達しており、文化が進歩するにつれて衰えていくものである。それで私はどちらかといえば、必要な仕事なら進んで正しく分担しようとする気持や、結局のところトラブルをなくすこまかな面で、他人のために喜んで尽すことを考えているのだ。正常な心そのものこそ、作法の一つの姿であるから、子供に、何でもできるという万能の感じや、大人というものは幼少のものの気にいるように世話するためにだけあるものだという信念をうえつけることは、望ましくない。そしてまた怠けものの金持がこの世にいることをこころよく思わない人たちが、自分の子供をしつける際、働くことは必要だという気持がなく、続けて仕事ができる習慣がないようにするなら、まず道理にあわないはなしである。

もっと外に考えなければならない事情があるけれど、自由を主張する人のなかには、これをあまりにも注意することが少いのである。子供の社会を大人が世話せずにほっておくと、強い方の子供が横暴となることがある。そしてこれは、あらゆる大人の横暴よりはるかに野蛮であることが多い。二、三歳の子供をふたり一しょに遊ばせておくと、少しばかりけんかしたあげく、どちらが勝者となるべきものであるか気がつき、ついで勝者でないものはその時奴隷となる。子供の数がもっと多い場合は、一、二のものが完全に支配し、外の子供たちの自由は、大人たちが弱くてけんかずきでない方を守るように干渉しなかったなら、干渉する場合のその子供たちの自由より遥かに少いのである。次のことは、大部分の子供にあてはまることだが、他人に対する思いやりは、自然に起るのではなくて、教えこまれなければならないもので、権威を使わなければ、殆んど教えることができない。こういうことが、大人が子供の教育を棄権することに反対する有力な議論であろう。

私は、教育者たちが望ましい形の自由を最少限必要な道徳的訓練と結びつける問題を解決してしまったとは思わない。しかし知っておかなければならないことは、子供が進歩した学校に入学する以前に、両親がこの正しい解決ができないようにしてしまっていることである。精神分析学者が自分たちの臨床上の経験から、私たち人間はすべて気が狂っていると結論しているのと全く同じく、近頃の学校当局者は、両親が手のつけられないようにしてしまっている児童たちに接していることから、子供という子供は「むつかし」く、親という親は全く馬鹿だと結論しがちである。両親の圧制（子供を心配する愛情の形をとることが多い）のため、すさんだ子供たちが、疑わずに大人たちを見ることができるようにするには、その前に長い短いはともかく、ある期間全く自由にさせておく必要があるだろう。だが家庭でほどよく扱われてきた子供たちは、こまごました点で抑制されることには辛抱できる。もっとも、それは子供自身が大切だと思っている点では、自分たちは抑えられずに助けられていると感じている限りでのはなしである。子供がすきで、しかも子供と一緒にいるため神経がまいったという状態になっていない大人たちは、自分の生徒たちから親愛の情で見られないようにはならないで、大いに訓練することができる。

私は思うのであるが、現代の教育理論家は、子供に無干渉だということの積極的功徳をあまりに重んじすぎる一方、子供とよろこんで一緒に交わることとの積極的功徳をあまりに軽んじすぎる傾きがある。あなたが、馬や犬に対して多くの人々がするような好き方を子供たちにしているなら、子供たちは、あなたのほのめかすことをよく感じとり、あなたがとめるとよくやめるものである。その場合、陽気にぶつぶつ小言をいうことはあるが、あなたを怨むことはあるまい。子供の世界を貴重な社会的努力をする場所だとみなしたり、或いは——同じことになるのだが——我が力の衝動のはけ口だとみなすことから生じて来る好き方を子供にしても役に立たない。子供は将来あなたの政党に必ず投ずる一票やまたは国王、国家に捧げる体を持つものだという考えから、子供に関心を持つなら、どんな子供も有難く思わないだろう。子供に対する望ましい関心は、なんら将来の目的を考えず、子供の前に立つだけで自然に楽しくなる気持から出るのである。こういう性質を持つ教師なら、殆んど生徒に干渉する必要もないし、またその必要があった時は、感情をきずつけることなく、することができる。

不幸にも過労におちいっている教師は、子供が好きだという本能的な気持を失わずにいることは全くできない。彼らの子供たちに対する感情は、有名な製菓業者の弟子がアルマンド（ビスケットの一種）に対する感情のように、どうしても鈍くなってしまう。私は、教育を一個の人間の仕事の全部を占めるべきものだとは思わない。教育は、一日、最大限二時間、それ以外の時間は子供と無関係に過す人々の手で行われるのがもっともよろしい。青年男女の交際は、彼ら自身をつかれさせるものである。特に厳格な訓練がないとそうなる。疲れると結局いらいらしてくる。このいらだたしさは、それに悩んでいる教師が、自分でどんな説を信ずるように努力しようとも、どうしても現われて来そうである。ぜひ必要な親しみは、克己心だけで保つことはできない。だがその親しみがあるなら、「いたずらな」子供をどう取扱うべきかということについて、前もって規則を設けることは必要でなくなる。というのは、自然の衝動で正しい判断が生れそうであるし、殆んどの判断も、当の子供があなたから好かれていると感じているなら、間違うことがないからである。規則というものは、どんなに道理にかなっていても、愛情や熟練の代りにはならない。

第十三章　克己心《ストイシズム》と健全な精神

（一九二八年筆）

むかしは、純粋な道徳的訓練がとりくんだ（甚だうまくいかぬが）教育上の多くの問題を、現代の心理学は、道徳的訓練よりも間接的で、科学的な方法を使って解決している。もう克己的自制心の必要はないと考える傾向があるようである。殊に知識の十分でない精神分析愛好者の間にはその傾きが強い。私はこの自制を必要としないとする見解を固執しないので、このエッセイでは、自制心を必要とする或る状態や若い人々に自制心を持たせることができる方法、併せてそうする際に避けるべき或る危険を考えたいと思う。

まず直ちに克己心を必要とする最も困難で、最も根本的な問題から始めよう。それは死のことである。世には、死の恐怖を抑える色々な方法がある。私たちは死を無視することもできるし、死を口にしないで、死をくよくよ考えこんでいるなと気づいたら、いつも考えを外の方に向けることもできる。これは、ウェルズの時測計《タイム・マシン》（H. G. Wells 一八六六—一九四六、の空想的科学小説の一つ。一八九五年作）に出てくる気まぐれもののやり方である。こんな仕方をしないならば、これとまる反対の道をとり、いつもかつも人間の生涯の短いことを考えこむこともできよう。そうするのは、なれっこになれば何とも思わず侮るようになるという望みからである。そしてこの方法は、チャールズ五世が退位後、隠遁生活の間、とったものであった。

ケンブリッジ大学の或るカレッジには、次のようなことをするフェローがいた。彼は、自分の部屋で棺おけのそばでねるようなことまでしたり、鍬を持ってカレッジの芝生に出ていき、よくうじ虫をまっ二つにしていた。そうしながら、こういう。「そうだおれは、まだお前の手にかかってはいないぞ」。この外、非常に広く用いられている第三の道があるが、それは、死は結局、死ではなく、新しいよりよい生涯の入口だと自分も思いこみ、他人にもそう信じこませるのである。この三つの方法は、色々の割合で入りまじっており、私たち人間は死ぬという不気味な事実に、多くの人が順応する手段となっている。

しかしこの方法のどれにも反対がある。感情的にみて興味ある問題を考えまいとすることは、フロイド派が性《セックス》に結びつけて指摘しているように、うまくいくものでもなく、色々いやなひねくれ方をするもととなる。さて、いうまでもないことだが、子供時代、その幼い時期を通じて、死について、身にこたえるような知り方をさせないようにすることはできるだろう。こうなるか、ならぬかは、運の問題である。もし親兄弟姉妹に死ぬものがあるなら、子供に死を感情的に意識することをとめる方法は、何もない。幸いに、死という事がらを幼児がありありと知っていなくても、おそかれ早かれ、そうなるはずである。そして全く死に対して心構えができていないものに、このことが起った時は、心の平静を失うことはひどいようである。だから私たちは、死をただ無視するのではなくて、これに対する態度を何か決めておくように努力しなければならぬ。

またいつもくよくよ死のことを思案しているのは、少くとも無視するのと同じく害がある。何かの題目について、あまりそればかり考えることは間違っている。殊にいくら考えても行動に移すことができない場合は、そうである。いうまでもないことだが、私たちは自分たちの死ぬことを先にのばすようにすることができるし、また普通の人間なら、或る限度内でそうしている。だが結局、死ぬことを免れることはできない。だから、このことは、いくら考えこんでも何にもならない題目である。それればかりでなく、そんなことをしていると、自分以外の人々や出来事について人間としての関心が減ってくるきらいがある。それで健全な精神を維持する力があるのは、我を離れた客観的な興味だけである。死を怖れると、人は外部の力の奴隷となるような気になるし、また奴隷的な根性からは、よい結果は一つも生れるはずはない。考えにふけって本当に死の恐怖をなくすことができるなら、その問題について考えにふけることはしなくなろう。その問題が人の思考を引きつけている限り、それは、死を怖れることがなくなっていない証拠である。だから、この方法は、外の方法に欠点があると同様に、いいものではない。

死が、より善き生活の入口であるという信念は、論理的にいうなら、死の恐怖を感じなくするものである。医者商売にとって有難いことには、この信念は、事実ごく少数の珍しい場合を除いて、死の恐怖をなくす効能を持っていない。未来の生活を信ずる人々が、死は万事の終りだと思っている人々より、病気をおそれることが少かったり、戦場でそういう人より勇敢であるということを誰も認めるものはない。今は故人となったF・W・H・マイヤーは、晩餐の時、相手かまわず、死んだらどんなことが自分に起ると考えているかとたずねた様子をよく語っていたものである。それによると、たずねられた人は、質問を無視しようとするが、無理にいえといわれると、次のように答えた。「よろしい。私は永久の幸いにあずかることになろうが、そんな不快なことについてはお話にならぬように」。この明らかに矛盾したことをなぜいうかというと、いうまでもなく、宗教的信仰は意識的な思考の面にだけあって、無意識的な心の働きを変えることには成功していないからである。死の恐怖をうまく克服しようとするには、それは、行動全体を動かす方法によらなければならないので、ただ普通に意識的な思考といわれている行動の部分だけを動かす方法だけではだめである。少数の場合は、宗教的信仰がこういう死の恐怖をなくす働きをすることができるが、大多数の人ではそういかぬ。こんな行動主義心理学者のあげる理由とは別に、この失敗には、さらに二つの原因がある。その一つは、熱烈に信仰告白をしてもやはり消えやらず、懐疑論者にあっては、怒りとなって現われる一種の疑惑心であり、他の一つは、来世の信仰者はもし自分の信仰がしっかりしていない場合、死につきまとう恐怖を軽視しようとはしないで、むしろ強調し、その結果、絶対的な確信を抱いていない人々の恐怖心をあおることとである。

それでは、若い人々を死が存在する世界になれさせるには、彼らをどう取扱うべきであろうか。それには、私たちがしなければならないことは三つあるが、それを一しょにすることは甚だむつかしい。(一) 私たちは、死ということについて、若い人たちに次のような感じを抱かせてはならない。それは、死は、私たちも語りたくないし、若い人たちにも考えなさいとすすめたくない問題であるかのような感じである。若い人たちにこういう感じを与えると、彼らは、死には人の心をひきつける神秘があるときめてしまい、かえってこれについて考えるようになるだろう。この点については、性教育によく使われる新しい態度を応用することができる。(二) そういうものの、あまりしばしば死ということを青年たちが考えることをやめるように、できることなら、しなければならない。この問題に熱中するについては、春本に熱中することに対すると同様の反対論がある。即ち熱中するとき目が少くなり、円満な発達がむつかしくなるし、当事者及びそうでない他人の両方からみて不満足な行為を引き起すということである。(三) はっきりした意識的な思考ばかりで、死という問題について満足すべき態度を誰もが持つようになることを望んではならない。これにもまして特に死は、はっきりした考で処理しない場合のほどには恐ろしくないと証明しようとする信念は、このような信念が(普通そうであるように)腹の底にはいりこんでいない時は、何の役にも立たない。

以上の色々のことを実行するには、子供や若い人たちの経験に応じて、いくらかずつ違った方法をとらなければならないだろう。特定の子供とごく親密な人が死んでいないなら、死を、甚だしく感情的な関心を起さないありふれた普通の事柄だと確認させることは、全く何でもない。死が抽象的で非個人的なことである限り、何か恐ろしいこととしてではなく、普通の事実をしゃべる調子でいうべきである。子供が「僕も死ぬの」とたずねる場合は、「そうだよ。でもきょうあすのことではないよ」というべきである。死について神秘的な感じをなくすことが大切である。死は、あまりいじってあきてしまった玩具の部類にいれてしまうべきである。だができることなら、幼児が年歯のいかないうちに、死はずっと遠いことであると思わせることが望ましい。

幼児にとってかけがえのない人が誰か死んだ場合は、事情が違って来る。例えば、或る特定の幼児が兄弟の一人を失ったと仮定しよう。両親は悲しいが、子供には自分たちがどれだけ悲しいか知ってくれることを望まないけれど、幼児としては、両親を苦しめているあるものを知ることは、当然でもあるし必要でもある。人間本来の愛情は甚だ大切なものなので、幼児が年長者たちはその愛情を感じているということを感じとることは、大切である。そればかりでなく、人間わざでない努力によって、年長者たちが自分たちの悲しみを幼児にみられないように隠すなら、幼児の方は「僕が死んでもあの人たちは何とも思わないだろう」と考えるかもしれない。こういう考えは、あらゆる種類の不健全な発達をひきおこす恐れがある。したがって、死という出来事が幼児時代の後期に起る時は、その打撃は有害だけれど（幼児時代の初期には、そうひどい感じを与えない）、それでももし起ったなら、あまりにその出来事を小さく見過ぎてはいけない。この問題は、さけてもいけないし、くどくどしく議論してもいけない。あまりはっきりした意向を示さずそれとなく、できるだけのことをして、新しい興味やとりわけ親しい愛情をつくり出すようにしなければならない。幼児が或る特定の一人に非常に激しい愛情を感ずることがあるのは、何か間違っているしるしであることは、よくある。こういう愛情は、片方の親が不親切なら、他方の親に対して起ったり、両親ともに不親切なら、教師に向って起ることがある。総じてこわがる結果として起ったものである。即ち愛情を抱く対象となるのは、安全感を与えてくれる人に限っている。幼年時代に、こういう性質の愛情が起るのは、健康でない。この愛情が存在している場合、愛する人が死ぬと、幼児の生活はさんざん狂ってくるかもしれない。たとい外からみたところでは、万事うまくいっているようでも、続いて起る愛情には、すべて恐怖の念がいっぱいである。夫（或いは妻）や子供たちはよけいな心配で悩まされ、ただ自分たちの生活だけを送っている場合は、不人情だと考えられるだろう。だから、親は、こういう種類の愛情の対象となったとて、満足だと思ってはならない。幼児に、かたよらず広く親しみにみちた環境が与えられ、幸福であるなら、誰かを失うことがその子供に起っても、その苦痛を、そうむつかしいと思わずに征服するだろう。成長したり、幸福になったりする普通の機会があるなら、生きていく衝動、希望を持とうとする衝動が足らなくなるはずはない。

大人としての生活が満足すべきものとなるには、青春時代に死に対する態度を何かもっと積極的にする必要がある。大人は、自分の死についてにせよ、或いはその愛する人の死についてにせよ、死については殆んど考えないものである。そうなるのは、注意して自分の考えを死とは違う方向に向けかえるからではない。というのは、そんなことは無駄なしわざで、決して成功するものではないからである。死を考えないのは、そんなことでなく、おとなの関心事や活動が複雑であるからだ。おとなが死を考える時は、心をくばりおちついて、その意味をあまりに軽蔑しようとせず、それに打ち勝つことに或る誇を感じながら、或る程度、克己心をもって考えるのが一番よい。この原理は、その外の恐ろしいものに対する場合と同じである。即ち恐怖の的となるものをびくともせず静観することが、ただ一つの実行できる方法であるというのである。誰でも自分自身に「よろしい、そうだ、恐ろしいことが起るかもしれない。しかしそれが何だ」といってきかせなければならない。人々は、こういうことを戦場で倒れるような場合にはやってのける。というのは、その時、自分の命や自分に親しい人の命を捧げるようになった原因の重大さをしっかりわきまえているからである。いつも、何かこういう感じ方をするのが、望ましい。人間は、常に、そのためにこそ生きているのだという重要な事柄があり、自分が死んだり、自分の妻や子が死んだりしても、この世で自分の関心をひいたものが、すべてなくなるものでないという気持でいるべきである。この態度が、おとなの生活でほんものとなり、深まっていくとするなら、青春時代に、若い人々は、大きな熱意に燃え、それを中心に自分の生活、生涯をうちたてることが必要である。青春時代は、何でもとり入れる時代であるから、そういう性質を作るために、つかうべきである。こういうことは、父親や教師の力でなしとげられるのである。もっと優れた社会となれば、母親がそういう仕事をするのが多くなるだろうが、今のところ、原則として、女性の生活は、女性のものの考え方をあまりに個人的にするようなもので、私の考えていることを十分に理解するだけ、知的ではない。これと同じ理由で、青春期の人たち（男性は勿論女性も）を扱う教師には、原則として男子が加わっていなければならない。ものごとに対する関心が、今よりもっと個人的でなくなる新しい女性の時代が出来上るまではそうである。

克己心が人生において占める役割を、近頃は少し軽くみて来たようである。とりわけ、進歩的な教育者にその傾きがある。およそ不幸が私たちをおびやかす場合には、これを取扱う二つの方法がある。即ち不幸を避けようとすることもあろうし、また不屈な精神でこれに当ろうと決心するかもしれない。前の方法は、卑怯の心からでなくてこれを使うことができるなら、すばらしいものだ。しかし後の方法は、恐怖にまけることを快しとしない人々にとっては、おそかれ早かれ必要となる。この態度が克己心をつくりあげる。教育者にとって非常に障害となる点は、若い人たちに克己心をうえつけることが、加虐《サディズム》のはけ口となることである。昔は、鍛練という考えが非常に烈しかったので、教育は残虐に走る衝動の流れ出る道となっていた。最少限に必要な鍛練を、子供を苦しませる愉快をあおらずに加えることができるだろうか。勿論、旧式の人間は、かような快感は感じないと否定するものである。誰でも、次のような子供の話を知っている。その父親が笞《むち》でなぐりながら、「お前、この笞は、お前をきずつけるよりも、私をきずつける方がひどいのだぞ」というと、子供はこれに答えて、「ではお父さん、私をなぐる代りに、私にお父さんをなぐらせて下さい」。サムエル・バトラー（Samuel Butler 一八三五―一九〇二。イギリスの小説家。『無可有郷』〔Erewhon〕はその時世を諷刺する。『肉体の道』〔The Way of Flesh〕は自伝的小説、自然主義の代表的作品）は、その『肉体の道』で、厳格な両親の持つ加虐的な快感を、現代の心理学者なら誰でも納得のいく方法で描いた。では私たちは、それについてどうしたらいいか。

克己心で取扱うと、最もうまくいく多くの恐怖があるが、死の恐怖もその一つにすぎない。世には、貧乏に対する恐怖、肉体的苦痛に対する恐怖、生活に困らない婦人の間によく見受ける出産に対する恐怖がある。こんな恐怖は次第に弱っていくものであり、多少の差はあれ、軽く見てもいいものである。だが私たちが、人間というものは、かようなものを心にかけるべきでないという方針を守るなら、それに伴う害悪をやわらげることはする必要はない、という方針をとる傾きがある。長い間、女性は出産の際、麻酔薬のお世話になるものではないと考えられていた。そして日本では、この考え方は現在まで続いている。男性の医師は、麻酔薬は有害だと主張したが、何もはっきりした理由なしにこういう考えをするのである。ただこの考えは、無意識な加虐心《サディズム》に基いていることはいうまでもない。しかし、出産の苦痛を軽くしてしまえばしまうほど、金持の女性は進んでその苦痛に耐えていこうという気が少くなって来た。いいかえるなら、彼女たちの勇気は、その勇気を必要とすることが減っていくより先に減ってしまった。したがって、どうしても一つのバランスを設けなければならない。生活全体をおだやかに愉快にすることは、できない相談だから、人間は不愉快な境遇にも順応する態度をとれるようにならねばならない。だが、私たちはできるだけ残酷な心を起すことを少くして、この態度を生み出すようにしなければならない。

幼児たちを取り扱わなければならないひとは誰でも、あまり同情しすぎることは間違いであることをすぐさま悟る。勿論、あまり同情心のなさすぎるのも、前の場合よりももっと悪い間違いであるが、同情においても、外のすべてのことの場合と同様、多すぎても少すぎても極端となればすべて悪いものである。いつも同情されている幼児は、どんな些細なわざわいにあっても泣き続けるが、普通の大人の正常の自制心のでき上るのは、大さわぎしても他人の同情は得られないということを知る以外に方法はない。子供たちは、時には少し手きびしくなる大人が、自分たちにとって一番ためになるのだということをすぐ理解し、自分たちの本能によって、自分たちは愛せられているかいないかを悟るので、親しみ深く感ずる人たちが、自分たち子供の正しい発達を心から希望するあまり、どんな厳格なことをしむけて来ても、辛抱するだろう。したがって理論としては、解決は簡単である。即ち、教育者をして知的な愛情に燃えたたしめよ、すると彼らのなすことは正しいだろう、というにつきる。しかし事実、事柄はもっと複雑である。疲労、むしゃくしゃした気持、気苦労、じれったさは、親や教師をいつも悩ますものであるが、子供の究極の幸福のためを思うと、大人がこういう感情を子供にぶちまけることを許す教育説をとることは危険である。それでもその説が真理であるなら、認めなければならない。それとともにその危険は、親や教師が気がつくようにしておかねばならない。すると危険をくいとめるため、できるだけの処置はすべてすることになろう。

私たちはこの辺で、これまでの議論の示す結論をまとめることができる。人生のいたましい不慮の出来事については、子供の身の上として、それらを知らないようにしむけたり、無理に知るように押しつけたりすべきではないし、また事情の具合でどうしても知らないわけにいかぬ時は、それを知ることになる。いたましいことを、いわなければならない場合は、そのことを正直に感情をぬきにして取り扱うべきである。ただし家族の一員が死ぬ時は別である。その場合は、悲しみを隠すのは不自然である。すべて大人たちは、自分の行為で、何とは限らぬが朗かな勇気を示すべきである。その勇気を若い人たちはしらずしらずに自分たちの手本であるおとなから学びとる。青春時代には、大きな個人的でない興味あることを、若い人たちの前に示すべきであるし、また教育のしかたは、彼らに、自分たちの外にある目的に向って生きていくという考えを（はっきりした訓戒によらず、それとなく暗示して）与えるようにすべきである。不幸がおそって来た時は、まだ別に生き甲斐を感じさせるものがあることを想い出して、それに耐えていくように彼らに教えこまなければならない。だが、これから起るかもしれない不幸について、くよくよ考えてはならない。たといその不幸に対処する心構えをするつもりであっても、そうである。若い人たちを取扱うことを仕事としている人々は、教育にとってなくてはならぬものとなっている鍛練から、加虐的な快感を感じとらないようにするために、自分たちのすることをよく注意しなければならない。それで鍛練しようとする動機は、いつも性格或いは知性を発展させることでなければならない。というのは、知性もまた鍛練が必要であるからである。もしこれがなければ、決して正確にはなれないだろう。しかし知性の鍛練はまた別の問題で、このエッセイの範囲にはいっていない。

なお一ことといわなければならないことが残っている。それは、鍛練がその人の内からのしようという衝動より起る場合が、一番よいということである。そういう具合になれるには、子供や青年が、何か困難なことをなしとげる大望を抱き、そういう目的に向って進んで努力するということが必要である。こういう大望は、普通、彼らの近くにいる或る人物が示唆してくれるものである。したがって、自己を訓練することすら、結局、外から来る教育的な刺戟に基いている。

第十四章　彗星について

かりに私が彗星だとするなら、現代の人々は堕落した種族だと考えることだろう。

昔は、彗星を尊敬する気持は広くゆきわたっており、また根深いものがあった。その彗星のうちには、シーザーの死の前兆となったものもあるし、ヴェスパシアヌス皇帝（Vespasianus 九―七九。ローマ皇帝、在位七〇―七九。軍容、財政を整え、コロセウムをたてた）の死が近づくことを知らせていると考えられるものもあった。この皇帝自身は剛情な人物で、彗星は毛が多いが、自分ははげているから、彗星の出現は何かほかの意味を持っているに違いないと主張した。だがこの極端な合理主義の一端でも持っている人は、まずいなかった。尊者ベード（Bede, the Venevable 六七三―七三五。イギリスの学識ある僧、イギリス教会史を著わす）はこういった。「彗星は、王国の革命、疫病、戦争、暴風、炎熱の前兆である」。ジョン・ノックス（John Knox 一五一三―一五七二。スコットランドの宗教改革者）は、彗星を神の怒りのしるしとみたし、他のスコットランドの新教徒は、これを「国王にローマ教徒を根だやしせよと命ずる警告」だと考えた。

アメリカ、特にニュー・イングランドは、彗星の与える注意のしかるべきわけまえにあずかっていた。一六五二年、コットン氏（John Cotton 一五八四―一六五二。アメリカ植民時代の宗教家、作家）が病に倒れたちょうどその時、一つの彗星が現われ、彼が死ぬと姿を消した。その後、わずか十年たって、ボストンの不埒な住民は、新しい彗星から「官能的な快楽や、むちゃくちゃに酒を飲み、最新流行の装をこらして、神のよい創造物たる人間を悪用し」ないように警告を受けた。インクリース・メーザー（Increase Mather 一六三九―一七二三。アメリカのプロテスタントの牧師、ボストン第二教会の牧師、ハーバード大学の総長となる）は、優れた牧師であったが、彗星や日食月食は、ハーバード大学の総長や植民知事が死亡する前兆となると考えていたので、信徒に、主なる神に対して「星を取り除き、そのあとに彗星を送ら」ないように祈れとさとした。

以上のべたすべての迷信が次第に退散していったのは、少くとも一つの彗星は、目に見える遊星そっくりで、秩序正しい軌道をえがき、太陽をまわるというハレーの発見と、彗星は引力の法則にしたがうというニュートンの証明のおかげである。しばらくの間は、旧式の大学では、教授がこういう発見にふれることが禁ぜられていたが、結局は、真理をかくすことはできなかった。

今日となっては、身分の高下、教育の有無を問わず、あらゆる人々が彗星に気をとられ、それが出現する時はいつも、恐怖におののいたという世の中を想像することはむつかしい。大体、私たち現代人のうち、大多数のものが彗星を見たことはない。私は二つ見たことがあるが、かねて思っていたより、遥かに感銘が少いものだった。私たちの彗星に対する態度が変った原因は、ただ合理主義にあるばかりでなく、人工の光にあるのである。近代都市の街頭では、夜の空は見ることができないし、郊外では、ヘッド・ライトを輝かせた車で私たちは走りまわっている。私たちは大空を抹殺してしまった。そして少数の科学者たちが、恒星や遊星、または隕石や彗星を忘れないでいるだけである。私たちの日常生活する世界は、昔のどの時代よりも遥かに人工的である。この点に長所があることはいうまでもないが、短所もある。即ち人間は、安全な自分の領域にとじこもっているために、軽薄傲慢で、少しばかり気違いじみてきている。だが、彗星は、今のところ、一六六二年、ボストンで見るような、健全で道徳的な効果をあげるとは思わない。彗星よりもっと強力な薬が今となっては必要であろう。

第十五章　霊魂とは何であるか（一九二八年筆）

科学における最近の進歩のもたらした最もいたましい状態の一つは、どの進歩によっても、私たちが知っていると考えていたほど私たちは知ることができないことである。私が若い時は、みな次のことを知っていたし、またそうでなければ、知っていると思っていた。それは、人間というものは霊魂と肉体で出来ているということ、肉体は時間的、空間的存在であるが、霊魂はただ時間的存在であることである。霊魂は、死後、滅びないかどうかということは、意見が分れる事柄であるが、霊魂があるということは、疑う余地がないと考えられていた。肉体については、率直な人なら、いうまでもなく、それが存在することは証明を要しない自明の事柄であると考えていたし、科学者もそうであったが、哲学者は、あれやこれやの流儀によって、肉体を分析してしまう傾向があり、それを、普通には、その肉体を持っている人や、その人をたまたま認めた誰か他の人の心にうかぶ観念に還元している。しかし哲学者のいうことは、真面目に受取っていなかったし、科学は、文句なしに唯物論的な性質を保っていた。これは、全く正統的な科学者の手にわたってもそうであった。

　近頃になって、以上のみごとな昔の簡潔な考えは、なくなった。即ち物理学者は、物というようなものはないと私たちにうけ合い、心理学者は、心というようなものはないとうけ合う。こういうことは、前例のない出来事である。例えば、靴というようなものはないという靴直しや、人という人はみな本当は裸かだと主張する仕立屋のことをきいた者があろうか。でもこんなことは、物理学や、心理学者の一派がしていることに比べると、まだ変ではないだろう。まず後の心理学者をとりあげると、そのうちの一派は、心的活動だと思われるものを一切、肉体の活動に還元しようとしている。しかし心的活動を身体的活動に還元するには、色々の困難がある。これらの困難は、除かれるか除かれないものか、私たちはまだ確信をもっていうことができるとは思わない。私たちが、物理学そのものに基いていうことができるのは、今まで自分たちの肉体と呼んでいたものは、実をいうと、精巧な科学的に組立てられたもので、これに当る自然界の実体はないということである。したがって、現代の自称唯物論者は奇妙な境地にいることになる。というのは、その人は、心の活動を肉体の活動に還元して或る程度の成功をおさめてはいるが、肉体そのものが心の発明した便宜上の概念にすぎないという事実をうまくいいぬけることができないからである。こういうわけで、私たちは一つの円周、心は肉体の発散するものであり、肉体は心の発明したものであるという円周をぐるぐる廻っている。勿論こういうことは全く正しいはずはない。それで精神でも肉体でもなくて、この二つが飛び出すことができるもととなる何ものかを探し出さなければならない。

肉体から始めよう。率直な人は、物体ははっきり五感でとらえられるから確かに実在するに違いないと考えている。外のことはどんなに疑わしくても、衝きあたることができるものは、確かに実在するはずである。この考えが、率直な人の形而上学である。この考えは全く非常に結構であるが、物理学者がやって来て、あなたはどんなものにも衝突したことはない。かりに頭を石壁にぶっつけても、実際はそれにさわっていないと証明する。あなたがある物にさわっていると思っても、あなたの肉体の一部をかたちづくっている或る電子や陽子があって、それらが、あなたがさわっていると思うもののある電子や陽子に引かれたり、はねつけられたりしているが、実際に接触することはない。あなたの肉体の電子や陽子は、他の電子や陽子に接近するために、かき乱されているので、妨害を受けることになり、その妨害を神経を通じて脳に伝えている。そして脳に及ぼしたこの結果が、あなたの接触したという感覚を持つのになくてはならぬものであり、適当な実験をすると、この接触の感覚は、全くあてにならぬものだと証明することができる。しかし電子や陽子そのものは、粗雑で、ほんの初歩近似的なもの、即ち連続した波動や統計的な確率をもった色々な種類の出来事を一つの束に集める一つの方法に過ぎない。こうして物質は、全く甚だ幽霊のような存在になってしまうから、これをば、精神を打ちやぶるにふさわしい棒として使うわけにはいかぬ。動く物質とは、疑えないものだと今までいつも思われていたが、今は物理学の要求には全くそぐわない概念となりかわった。

それにもかかわらず、現代科学は、霊魂や精神が一つの実在物として存在する兆候を一つも示してくれない。実際、そういうものを信じない理由は、物質を信じない理由と全く同じたちのものである。精神と物質は、王冠を争う獅子と一角獣（イギリス王室の紋章、鯨目いるか科のイルカに似ている海獣）のようなものであった。戦ったあげくは、どちらかの勝利というのでなくて、両方とも紋章学上のつくりものにすぎないことを発見することになる。この世界は、出来事（event）で成りたっており、長い間持ちこたえ、性質だけが変っていくものからは出来ていない。出来事は、その間の因果関係によって、グループにまとめることができる。その因果関係が、或る一つの種類のものであるなら、その結果として起った一つのグループは物質といわれようし、この因果関係が別の種類のものであるなら、その結果として起ったグループは、精神といわれよう。ひとりの人間の頭の中に起る出来事は、どれをみても、二種類のグループに属するだろう。それが或る一つの種類のグループに属すると考えられたなら、脳を構成する成分であり、他の種類のグループに属すると考えられるものなら、精神を構成する成分である。

こういうわけで、精神と物質は、出来事を組織する便宜的な手段に過ぎない。したがって、ひとときれの精神でもひとかけらの物質でも、不滅であると思う理由があるはずはない。太陽は、一分間につき何百万トンの割合で、物質を失っていると思われている。精神の最も大切な特質は、記憶であるが、特定の人に結びついている記憶が、その人の死後残っていると考える理由は全くない。それどころか、実際、その反対を考える理由こそ十分ある。というのは、記憶は、いうまでもなく、脳のある種の機構に結びついているので、その機構が死んで亡ぶから、記憶も止ってしまうはずだと思うのが、どうみても当りまえだからである。さりとて形而上学としての唯物論は真理だとするわけにはいかないけれど、それでも気持の上からは、この世界は、唯物論者の言が正しいなら、そうあるだろうと思われる様子に、かなり似ている。私は思うのであるが、唯物論反対の論者が活潑に動くのは、次の二つの主な欲望のためであった。即ち第一に、精神は不滅であることを証明しようとする欲望であり、第二に、宇宙の究極の力は、物的であるよりもむしろ精神的なものであることを証明しようとする欲望である。この二つの点では、私は、唯物論者が正しかったと思う。なるほど、私たちの欲望が地球の表面にかなりの支配力を持っていることは間違いない。この遊星上の土地の大部分は、もし人々が食物や富をとるためにそれを利用しなかったなら、していただろうと思われる様子と全く違った光景をしている。だが私たちの力は非常に限られている。現在のところ、太陽や月或いは地球の内部にすら、全く何も手をつけることはできないし、私たちの力の及ばない領域に起ることに、何か精神的な原因があると思う道理は、少しもない。即ちかいつまんでいえば、地球の表面以外のところで、誰かが起ることを望んだから、或ることが起ったと思う理由はない。そして私たちの地球の表面を支配する力は、すべて地球が太陽からもらってくるエネルギーの補給に頼っている以上、私たちはどうしても太陽にすがっていることになるので、その太陽が冷えていったならば、私たちの欲望はまず一つも実現することはできないだろう。勿論、科学が将来なしとげるかもしれないことについて、独断的に断言することは軽率である。私たちは人間の生存を、現在のところできると思われるよりもっと長びかせることを学びとるかもしれないが、しかし現代の物理学、それにもまして殊に熱力学の第二法則（不可逆現象を言う法則で、熱は、低温度の物体より高温度の物体へ自ら移ることなく、温度平均の状態より温度不平均の状態に自ら移ることはないという法則。自然現象生起の方向を規定している。「石炭を燃焼して列車を動かすが、その熱を再び石炭に戻すことはできない。工業はこの不可逆的なプロセスによっており、浪費者であるからいつか罰を受ける」。ラッセル著「原子時代に住みて」より）に何か真理が含まれているな、人類が永久に存続していくことは望めない。或る人々には、この結論を憂鬱だと思うかもしれないが、率直にいえば、何百年来ずっと起っていることは、感情的に、今ここにいる私たちの興味をそうひどく引くものでないことを認めなければならないことになる。一方、科学は、私たちの宇宙にわたる大きな主張を弱めるけれど、地上の安楽は大いにふやしている。そういうわけで、科学は、神学者が恐れているにかかわらず、全体として、寛大に扱われてきている。

角川文庫版

解説――ラッセルの魅力

堀　秀彦

ラッセルの著書の魅力について書こう。著書といっても、私には全然歯が立たない著書がある。彼の代表作の一つといわれている数理哲学のものだ（岩波文庫）。私はよみかけたが、判らなかった。むろん、私に数学の才能がなかったからだ。数学の才能が少しもないのにもかかわらず、曾て大学で哲学科に入ったことを、私は当時ずいぶん悲しく思った。数学は何といっても一ばん正確な考え方も教えるものだ。それなのに、私は数学が苦手だった。私は大学時代あれでも二冊や三冊は、数理哲学のものをよんだろう。だが到頭なに一つ判らなかった。とにかく、そういう意味で、私にとって一歩も近づけない世界がラッセルのなかにはあるのだ。私はこれだけのあきらめをもって、ラッセルの幾つかの評論集や著書をよんだ。いまでもむろん、昔よんだものを何かのはずみに引きずり出してよむ。そしてよむたびに文字通り面白いと思う。痛快だと思う。だが、本当に考えてみると、ラッセルの頭の中にある数学的なものを殆んど理解し得ないでラッセルの本が面白いとか痛快だとか言うのは、ヒイキのヒキ倒しかも知れない。私にはラッセルの本当の素晴しさは判っていないのだろうと、ときどき思う。数学は抜きにして、なにが私を引きつけるのか。

第一に、その正確な文章だ。いや正確な文章によって一つ一つ積みあげられる論理の歩みだ。そして同時にまた言葉のひとつひとつについての正確な規定だ。私はなによりもラッセルによって正確さということを教えられた。正確（アキラシイ）さという言葉は彼の本の中によく出てくる。あいまいなもの、いい加減な言い方、それを彼は断乎としてしりぞける。例えば、「精神の分析」（The Analysis of Mind. 1921）のなかの「真と偽」という章の中で、知識の正確さを書いたところがある。2に2をたすと4になるという命題をある子供が知っているとする。ところでその子供はそれ以外のことを知らない。2を3倍したら、ときけば、やはり4と答える。これではその子供が2プラス2イクォール4ということの本当の意味を知っていないわけだ。別の子供に2プラス2をきく。彼は4と答える。ところが毎朝、この問いをきいた場合、彼は日によっては3と答え、或いは5と答える。これではどっち途、算数を知っているとは言えない。例えばこういう言い方をラッセルはしている。何でもない当り前の説明の仕方だと言えば言える。けれども、この比喩もよっくかみしめて味わう——例えばわれわれの日常生活の考え方にあてはめてみると、それは大へん鋭い意味をもってくる。一つのものをいろんな角度から、いろんな仮定的な場合について考えるというやり方を、私は一ばん強くラッセルによって教え込まれた。もちろんいろんなものをいろんな角度から考えるとき、私たちはしばしば懐疑論的な気持になり易い。だが懐疑を少しもくぐり抜けなかったような知識がどこに在るか。

私はこの間偶然にもN・H・Kテレビの海外放送版でラッセルの演説している横顔をながめることができた。鋭くとがった鼻、ゆたかな白髪、げっそりと肉の落ちたきびしい顔つき——私は見ながらこれこそながい間の懐疑の風雪によってきたえ上げられた見事な哲人のプロフィルだと思った。私はラッセルによって懐疑の仕方を教えられた。

それにしてもさっきあげた2プラス2のたとえは、まことに判り易くしかも意表をついた比喩だ。ラッセルの本の面白さは、第二にそのたくみな引例にある。たくみで平易な引例による理論は、しばしば問題を根本的なところからときほごしてくれるようだ。その意味で、——この「怠惰への讃歌」にも随所に表われているように——私たちは彼の著述のなかで、思わずハッとさせられることがある。「幸福と繁栄にいたる道は、仕事を組織的にへらして行くに在る」という場合、それは一見はなはだしい逆説のようにきこえる。だが、スナオにそして正直に、われわれも自身を反省してみよう。われわれは労働よりも休息が好きなのだ。あんまり働かないで幸福にくらせる、これがわれわれの正直な願いだと思う。つまりラッセルは、はっきりと当り前のことを正直に言う。一定の先入見や偏見なしによめば、誰もが文句なしに承認せざるを得ないことを、平易な例をひきながら言う。私はそういう点に最も強く引かれる。考えてみれば、私が東大で哲学科にいたころ、学者たちは全部ドイツ観念論派であった。それは文字通り、息抜き一つない概念のくそまじめな羅列であった。私にはそれがたまらなかった。そしてそれだからこそ、ラッセル式な英米の哲学書に接したとき、私はこれが本当の哲学のような気がしたのだ。それはいわゆる深奥ではなかった。それは日常的な表現で、正確に問題を提起し、解決を与えるものであった。

第三に、ラッセルの本にはふんだんに歴史的な事実やエピソードの引用が出てくる。そういう彼の面を最も強く表わしたものが「権力」（みすず書房）であろう。彼は歴史に通じている。本当にそんなことがあったのかな、と思いながら、私は興味ふかくよまされてしまう。それにしても、「西洋哲学史」（みすず書房、全三巻）ほど面白い、ふくらみと厚みのある哲学史が他にあろうか。

要するにラッセルの著書は生き生きしている。しかも正確な論理と、徹底した合理主義に貫かれている。彼は神を信じない。無宗教である。しかも科学がいま人類を脅かしていることを叫ぶ点で、彼は世界の先頭に立っている。彼は科学万能主義者ではない。彼は右でも左でもない。彼が最も憎んでいるものは、狂信主義と残酷のように見える。彼はどこまでも理性の人のようだ。純粋の理性の人をのみもし哲人と呼び得るとすれば二十世紀の最高の哲人がラッセルだと思う。

この翻訳は柿村氏の手になるものだ。この本は時間的にはもうかなり前のものだ。ところどころにその意味で、古い歴史的事情が引き合いに出されている。けれども、一貫して流れている批判の眼、先見の鋭さ、それは古いどころか、いまも尚お新しい。一人でも多くよんでほしいと思う。

怠惰をたたえるのは、英国の場合、なにもラッセルには限らない。十九、二十世紀のイギリス人のエッセイをよむと、こういうテーマはいくつも出てくる。例えば「なんにもしないことについて」(On Doing Nothing) といった題で。だが、それらの「無為」をたたえる東洋風なエッセイとラッセルのそれとのちがいはやはり、ラッセルの書き方、考え方の論理的性格にあるように思われる。そういう点で、ラッセルの持ち味は、まったく独自のものなのだろう。

平凡社ライブラリー版解説——怠惰礼讃

塩野谷祐一

現代の先進諸国はすでに未曾有の経済的繁栄を達成しており、われわれは何のために豊かさを追求しているのかを改めて問い直し、経済成長の軌道修正を図ることを迫られている。しかし、人々は依然として所得増大のためにあくせくと働くことに明け暮れている。しかも、驚異的な所得の増大にもかかわらず、人々は幸福が増大したとは感じていない。

バートランド・ラッセル（一八七二—一九七〇年）はイギリスの著名な分析哲学者であるが、同時に経済・社会・政治問題について鋭い発言をする評論家でもあった。本訳書に収められた「怠惰への讃歌」（一九三二年）というエッセーは、成長至上主義がもたらす非人間的な結果を予見し、人々の考え方の転換を説いたものであって、傾聴に値する。

同じ考え方に属するものとして、同じころ、経済学者のジョン・メイナード・ケインズ（一八八三—一九四六年）が「われわれの孫たちの経済的可能性」（一九三〇年）というエッセーを書いている。ラッセルとケインズはケンブリッジ大学での友人であり、この種の問題を互いに論じ合ったのかもしれない。当時、ケインズは世界的な経済不況の分析と対策に没頭していたが、このエッセーでは百年先に思いを馳せ、そのころになれば経済問題は解決され、閑暇と豊かさの時代が到来するだろうと論じた。これだけならば、たいした議論ではない。彼が言おうとしたのは、人類にとってまったく新しい閑暇の時代においては、われわれが長い貧乏の時代に教え込まれてきた道徳や習慣や考え方の根本的な変革に迫られるということであった。人間は経済問題を解決した暁に、初めて本当の人間らしい問題に直面するのである。その問題とは、経済的動機に基づく労働の必要から解放されたとき、その自由と余暇を何に向けるのか、賢明に快適に上品に生きるためにはどうしたらいいのか、ということである。

ラッセルは、現代世界における害悪の多くは労働を徳とみなす考え方によるものであり、幸福と繁栄への道は、労働時間を組織的に減らすことであると主張する。たしかに、産業革命以後の技術革新によって、先進諸国では労働生産性は飛躍的に増大し、労働時間も確実に減少した。その結果、人々の生活水準は向上し、人々が飢餓水準をさまようことはなくなった。

ところが、人々は労働を徳とみなす価値観にとらわれたままでいる。所得が生存を保障するに足る水準を十分に超えている場合、その余剰は閑暇として人々に広く配分されなければならない。しかし、資本主義制度の下では、余剰は禁欲を通じて貯蓄となり、それが設備投資に向けられ、所得のいっそうの再生産に当てられる。この制度では、余剰としての利潤を生む活動が望ましいものとみなされている。

それに対して、労働が価値を持つのは、働くことが良いことであるからではなく、それによってもたらされるはずの閑暇が、本来の人間的な活動を可能にするからであると考えるべきではないか、とラッセルは言う。閑暇は、かつては支配階級や特権階級のみが享受できるものであった。経済発展のおかげで、今やそれは万人に可能なはずである。ラッセルの怠惰のすすめとは、労働時間を減らし、閑暇を遊びと思索に当てることである。彼は言う。労働の道徳は奴隷の道徳であり、もはや奴隷労働は必要ではない、と。彼の提案は一日四時間労働であった。

閑暇をいかに賢明に使うかは文明と教育に依存する。これまでの人類の歴史において、学問や芸術や思想といった人類の遺産とも言うべき文明を生み出したものは、これらのものの創造に従事できる人々の閑暇であった。しかし、閑暇そのものは必ずしも文明を生まない。

ラッセル自身、名門の貴族の家系に生まれたが、イギリスの世襲的な有閑階級は狐狩りのほかに知的な活動を知らないと酷評する。閑暇を知的に使うセンスを養うためには、教育が必要である。学校（school）という言葉の語源はギリシャ語のスコーレ（σχολή）であり、その意味は閑暇（leisure）である。学校で学ぶということは、労働でなく閑暇を意味する。そして学校は本来、労働のための技術を学ぶところではなく、閑暇のあり方を学ぶところである。大学で学ぶことはないと豪語して、金儲けの世界に飛び込んだ若者がいたが、金銭欲以外に人間的生活のセンスを学ぶことを知らなかった不幸な人間である。アメリカ式のビジネス・スクールが尊敬を集めているが、「忙しい」と「閑暇」とを結びつけたこの撞着語法はブラック・ユーモアと言えよう。

それでは、労働すること以外の人間らしい生活とは何か。ケインズが提起した問題はこのことであった。ラッセルは「道徳的基準と社会的幸福」（一九二三年）という別のエッセーにおいて、いっそう体系的な議論をしている。これも上掲のエッセーと同じように、産業社会の前途に警鐘を鳴らし、社会の別のあり方のための道徳的基準を提起したものである。彼はその基準を「徳」ないし「卓越」と呼び、次の四つの要素を挙げている。（1）本能的幸福、（2）友情、（3）美の鑑賞と創造、（4）知識愛。

第一の本能的ないし原始的幸福とは、経済発展の過程において新しい財・サービスが開発され、新しい欲求が満たされていくのとは異なって、原始的な生活において容易に充足された人間の本来的なニーズである。健康な気分、田園や海浜の匂い、時折の静寂と孤独、興奮と静穏、土の上を裸足で歩くときの感覚、総じて言えば、人生に対する喜び——こういったものは、工業化と文明化によって近代人の生活環境から失われてしまった。今日でも、少数の特権階級はこの種の幸福を高価なレジャーによって享受できる。ラッセルはこれを万人に保障することによって、産業化の被害をできるだけ食い止めるべきだと言う。これは、ルソーが文明人の「徳なき名誉、知恵なき理性、幸福なき快楽」の欺瞞をあばき、「未開人」の高貴さを謳い上げたことを想起させる。

第二の徳として挙げられた友情や愛情は、憎悪や羨望とは逆のものである。見知らぬ人々の間にも友情が芽生えるためには、正義が社会を支配していなければならない。正義の制度が行われる限り、社会的弱者といえども、社会的不平等を受け入れることができるだろう。物質的進歩や効率や競争の追求が人々の間に格差を作り出し、これが近代社会における最大の対立の源となっている。ラッセルが怠惰のすすめを提案するのは、とりわけこの種の社会的対立を避けるためである。経済的繁栄の成果は、格差の緩和という形で使うことができるだろう。

第三の美の鑑賞と創造については、多言を要しない。ラッセルは産業化が生活の全領域を覆い、美を破壊し、醜悪なものを生み出していることを強調する。その原因は、産業化が絶えず新しいものを追い求め、イノベーションを善とする競争的な商業主義を基礎としていることにある。経済発展は自然を破壊し、その代わりに醜悪な工場とコンクリートの市街を作り上げた。工業化は美の創造とは相容れない。経済と美とは価値基準を異にするからである。芸術がそれ自身の基準を維持し、芸術的創造力を保つためには、社会が生産活動に最高の価値を置くことを止めなければならない。そして、生産をこれ以上重視する必要のない時代がまさに到来したのである。

最後に、第四の知識のあり方もまた危機にある。たしかに、産業革命以来、科学技術は飛躍的な発展を遂げ、経済成長の原動力となった。しかし、基礎科学や純粋科学よりも、応用科学における成果を重視する実用主義の考え方は、核兵器や環境破壊を含む非人間的な帰結をもたらしたばかりでなく、科学自身の潜在可能性を圧殺している。そして、人間と社会を対象とする人文科学や社会科学はまったく軽視されている。人文・社会科学は、科学技術が奉仕すべき人間的目的のあり方と、そのための社会的仕組みを論ずる学問である。

以上のような論点を通じて、ラッセルは、現代産業社会の制度や慣行や思考は「卓越したもの」を破壊してきたと言う。「卓越」が生き残るためには、われわれは功利と進歩に狂奔することを止め、代わりにもっと怠惰と正義を重視しなければならないと言う。一八世紀半ばにイギリスで産業革命が起こり、利己心を原動力とする産業社会が世界を席捲し始めたときから、こうしたものの根底にある啓蒙主義・功利主義・合理主義の思想に対して、多元的な人間価値を強調するロマン主義の立場から批判が絶えず繰り返されてきた。ラッセルやケインズの議論がそれと違うのは、経済発展を頭から否定するのでなく、経済発展が豊かさという点で一応の成果を挙げた段階においては、経済活動の目標として人間らしい生き方の選択があってしかるべきだと言うのである。

さて、「怠惰」を「ゆとり」という言葉で置き換えてみれば、怠惰礼讃はさほど異様ではない。成長至上主義への反省から、人間的生き方を問うことは、望ましい社会像を描く上できわめて重要な公共的討議のテーマである。

日本の国にかかわるいくつかの応用問題を取り上げてみよう。第一に、いわゆる「ゆとり教育」がもたらしたとされる「学力低下」を前にして、直ちに朝令暮改が行われたのは滑稽である。「学力低下」を指摘する人々は、有用な知識という実用主義の基準に立っており、授業時間が減れば学習内容が減るという平凡な議論しかしていない。他方、「ゆとり教育」の推進者は、それを論破するだけの確固とした「卓越」と「怠惰」の哲学を持っていない。経済問題が解決されたという有史以来の事態にありながら、何のための知識か、何を教えるべきかを問うことがない。

私は、「ゆとり教育」とは学習時間の問題ではなく、専門教育に対して教養教育に重点を置くものと考える。教養教育は、昔の大学の文学部の教科目であった「哲・史・文」(すなわち、哲学・歴史・文学)をいう。「哲・史・文」の最大のメリットは、断片的な専門知識の切り売りをするのではなく、「理性・感情・意志」を持った生身の人間が倫理・歴史・文芸の中でとらえられていることである。小学、中学、高校においても、「哲・史・文」に相当する初歩の知識は十分に考えられる。

第二に、「少子化」は、一般に言われているように、女性の社会参加によって結婚や出産が阻害されたからであるというよりも、人間的な本能的幸福すら許容しない労働至上主義の結果である。女性の社会参加は、経済発展の成果として人権の拡張を意味する。社会がこの成果を享受するためには、それを制度の中に定着させなければならない。両性が働くのであれば、むしろ社会全体として労働時間の短縮が可能になり、両性にとって「ゆとり」ある生活が可能になるはずではないか。ところが、経済的繁栄の下で可能になった女性の社会参加が伝統的な労働道徳と結びついた結果、閑暇はもちろんのこと、出産さえ社会から奪われてしまったのである。

第三に、いわゆる「フリーターやニート」と呼ばれる若者の増加を批判的に問題視する風潮がある。会社に就職するのを当たり前のこととするのでなく、自分に相応しい仕事を見出そうとする若者が増えている。彼らを就業意欲がないといって批判することは、ラッセル的「怠惰」を求める新しいタイプの人間を再び産業社会の道徳によって断罪することに他ならない。百年に一度と言われる世界的大不況の中で、意図せざる不完全・非正規労働が生じているのは事実である。失業と貧困の増大はたしかに重大事である。しかし、不況による失業の事実とフリーターの理念とを混同してはならない。不況下の首切りの事態は、未曾有の経済的繁栄にもかかわらず、経済成長の果実をゆとりと閑暇という形で定着させてこなかった経済システムの非先見性があらわになったものではないか。

技術進歩によって労働生産性が二倍になったとすると、労働時間を半分に減らすことができるはずである。その半分の時間でかなり快適な生活ができるにもかかわらず、働くことを正常とみなす社会では、需要が増えない限り、過剰な労働は失業とみなされてしまい、社会は再び不必要な仕事を作り出さなければならなくなるのだ。

第四に、最も悲惨な問題に注目しなければならないのは残念である。それは「過労死」である。ラッセルは牧歌的なテーマの取り上げ方をしているが、産業社会を極限まで押し進めるならば、その果てには絶望の世界があることを鋭く予見したのではないか。この国では、経済発展の成果を閑暇という形で刈り入れるどころか、働き過ぎによって死を招くようなことが日常的に起こっているのだ。労働を美徳とするえせ道徳の帰結が、過労による病死や自殺であった。われわれは華やいだ「怠惰への讃歌」の代わりに、なお「過労への挽歌」を歌い続けなければならないのだろうか。

（しおのや　ゆういち／経済哲学）

「怠惰礼讃」（『季刊家計経済研究』二〇〇五年 Autumn 号）に加筆。

平凡社ライブラリー　676

怠惰《たいだ》への讃歌《さんか》

発行日…………2009年8月10日　初版第1刷
2024年4月6日　初版第6刷

著者……………バートランド・ラッセル

訳者……………堀秀彦・柿村峻

発行者…………下中順平

発行所…………株式会社平凡社
〒101-0051　東京都千代田区神田神保町3-29
電話　東京(03)3230-6579[編集]
東京(03)3230-6573[営業]
振替　00180-0-29639

印刷・製本　……藤原印刷株式会社

ＤＴＰ…………エコーインテック株式会社＋平凡社制作

装幀……………中垣信夫

Printed in Japan
ISBN978-4-582-76676-9
NDC 分類番号133.1
B6変型判（16.0cm）　総ページ272

平凡社ホームページ　https://www.heibonsha.co.jp/